かごっま言葉玉手箱

1～3月

かごつま言葉　玉手箱

植村紀子

はじめに

本書は、2018年元旦から大晦日まで連載された、南日本新聞のコラム「かごっま言葉玉手箱」をまとめたものです。奈良時代の万葉集から平成時代の石碑まで、鹿児島に関する言葉を集めてみました。

この年の鹿児島は、「西郷どん」に沸きました。2月は、寒さを吹き飛ばす羽生結弦選手の金メダルに、日本中が酔いしれました。

6月は、サッカーの世界的な大会が開催され、大迫勇也さんに対する「半端ないって」が、半端ない盛り上がりでしたね。一方、「奄美・沖縄」の世界自然遺産登録の延期もありました（2021年登録へ）。

そして、この年、身近な方を亡くされたり、新しい命の誕生に出会ったりと、忘れることのできない年だった方も、おいでのことと存じます。

令和の今、「かごっま言葉玉手箱」を開けたら、平成、昭和、さらに過去へとタイムスリップできるかもしれません。「ああ、じゃった、じゃった」って、うなずいてもらえましたら幸いです。

新聞のコラムを読んでくださった方も、初めての方もご一緒に、鹿児島弁でさあどうぞ。

「どら、もいっど、玉手箱を開けもそや」（さあ、もう一回、玉手箱を開けましょうよ）。

かごっま言葉玉手箱　目次

1・「ことしは〇〇すっどー」とせんげんする。／『ぐるっと一周！鹿児島すごろく』（燦燦舎）

出水から与論まで県内600キロを回るすごろく。私の言葉に、イラストレーター・原田美夏さんが各地の特産や風物を切り絵で描いた。全66マスの一つ、佐多岬での指示より。さあきたみさき　さたみさき。みさきのさきにて　もくひょうはっぴょう！「ことしは〇〇すっどー」。

元日は公式に心をリセットできる日。老若男女の皆さま、勉強や仕事や趣味など、何か目標が決まったらよかねえ。キラキラの新年は今始まったばかり。私の抱負はこれ。「かごっま言葉玉手箱」を開くっどー。

2・「若こないやしつろ」元旦の空より降りくる上釜さんの声／迫田敏恵

吉兆の雲が歌集名の『祥雲』（山茶花社・記念合同歌集「祥雲」刊行委員）所収。作者の大切な方は、空から見守っていてくださるのでしょうね。

「若こないやしつろ」とは「若くなられたことでしょう」を意味し、鹿児島の新年のあいさつである。年を取るのではなく、若くなったという。すてきな言葉！　口ずさむと、本当に若くなった感じがする。使わないのは、あったらしか（もったいない）。

毎年お正月には、家族や友人へ「あけましておめでとう」の前に言ってみようかな。

3・良《よ》か挨拶《えさ》ち一枚《いっめ》増やせたお年玉／上野由美

ナタ豆の別名は帯刀《たてわき》。その方言読みを使った薩摩郷句集『たっばけ』（渋柿会）所収。

子どもにとって、お正月の一番の楽しみは、なんてたってお年玉。ネットの「日刊生活お役立ちサイト」によると、小学生低学年千〜3千円、高学年3千〜5千円。中学生5千円。高校生5千〜1万円。大学生1万円が相場だとか。血縁関係により異なるだろうが、だいだいうなずける金額である。

園児か低学年かな？　元気のいい挨拶《あいさつ》に、野口英世さんをもう1枚。う〜ん、じゃろじゃろ。

4・わっぜぇ　おもして　かるたとり／『鹿児島ことばあそびうたかるた』（南方新社）

お正月には何して遊ぶ？　いろいろあるけど定番は、やっぱりかるた。「わ」の札より。ものすごくを意味する「わっぜえ」は、「わっぜえか」や濁らない「わっせえ」になったりする。もとは形容詞「ワザシ（業）」。形容詞のク活用・シク活用の名残は、鹿児島弁の魅力である。「〜か」を生かした言葉遊びも多い。企業のカードにはスゴカ、モゼカ、ワッゼカ、なんていうのもある。お国ことばをもじったカードや各地方の方言カルタも、身近でおもしとか。

5・泣こかい　飛ぼかい　泣こよっか　ひっ飛べ／鹿児島のわらべうた

有名なわらべうた。「挑戦」を優しくリズムよく、表現していると思う。

鹿児島市の成人式では『新成人の君へ』という冊子を配布している。2010年の冊子に、料理人・上柿元勝さんが言葉を寄せておられた。上柿元さんは20歳を機に料理人を志し、フランスやスイスで学ばれた。8年間の厳しい修行を支えたのが「泣こかい～」のわらべうただったという。

新成人の皆さん、おめでとう。苦しい時には「泣こよっか　ひっ飛べ」だからね。

6・丸に十の字の　オハラハー　帆が見えた／民謡「鹿児島おはら節」

皆さんご存じの「花は霧島　たばこは国分」で始まる民謡の2番より。

2018年は、西郷隆盛関連の本やドラマ、ドキュメンタリー番組に沸いた。言うまでもなく、西郷どんが仕えたのは薩摩藩島津家。島津の家紋は丸に十の字である。

おはら節のふりつけは、両手を頭の上でかざし「丸」を、次に両手を胸から水平に2回開き「十」を表しているとのこと。

なるほど。ほいなら、歌いながら手ぶりで家紋をつくってみもんそかい。おはら節がずっと歌いつがれていくように、偉人たちの功績に終わりはない。ハッ　ヨイヨイヨイヤサット。

7・志布志千軒町ゃ　笹箒《ささぼう》きゃいらぬ　むぞか千亀女の裾ばわき／「千亀女」

『志布志の民話』（志布志市教育委員会編）

宝満寺（志布志市）の観音様にお祈りした夫婦が美しい娘・千亀に恵まれる。だが母親の観音様への嫉妬で、娘の顔半分は黒く、片足は大きくなる。それを隠すため、千亀は着物の裾を長く引いて歩いた。だから箒《ほうき》はいらないという歌。志布志千軒ではその後、むぞか（かわいい）子は見かけなくなったとか。

千軒で驚くなかれ。山口県では悲しい死をとげた美女が「永久に、この土地には美女を生まれさせぬ」とたたったとか…。

ごぶれさあ（失礼）な。成人の日の晴れ姿を見ると、全国女子皆よかおごじょ。

8・「今日のテスト難しかったね」「だからよ〜」「だからって何！」（転校生）／

『鹿児島の法則』（泰文堂）

冬休みが終わった途端、中高生は休み明け実力テストがあるかもしれない。冒頭の会話に花咲く一日かな。「鹿児島の法則研究委員会」編の本より。

「だからよ」は、そうそう、という共感の相づちであって、だから何なのと、聞き返しているわけではない。転校生に伝わらないのも仕方ないかな。年配の方には「じゃっでよ」がなじみ深いのでは？　ところで、私の若い頃の苦い思い出を一つ。「今日のテスト、全然できなかった」と言ったのに、高得点を取る友人。だからよ〜。

9・ふるさとの皆様たちと歌を詠む　こげんうれしかことはごわはん／スタイデル八重子

スタイデル八重子さんは、この歌をアメリカから投稿された。「こんなに嬉《うれ》しいことはございません」の鹿児島弁が光る。歌誌『黎明』（1995年11月号）所収。黎明の代表者にお聞きすると、消息不明とのこと。空から私たちの語らう様子を見ていらっしゃるかもしれない。

さて、毎年1月には、歌会始が開かれる。平成30年のお題は「語」であった。語感や物語のような熟語でもよし。語るのような訓読みでもよし。私も一首詠んでみよう。

「あっこそこ　かごっま言葉玉手箱　語っもろえば嬉しゅごあんど」。

10・漬《ち》けもんと　茶飲《ちゃの》ん仲間《なかま》と　ぢゃんぼ餅／『かごしまふるさとカルタ』（南方新社）

1月11日は鏡開きである。どら、ぜんざいを作らんなら。んにゃ、きなこ餅に、んにゃんにゃ、ぢゃんぼ餅風もよかよね。そして忘れてならないのが、「お茶」と「漬けもん」。これは鹿児島県民にとってはセットメニューである。引用のカルタは鹿児島県の国語科教師サークル「かごしま文芸研」編。

日高旺著『薩摩の笑い』（春苑堂出版）に、明治の県外出身七高生の見た鹿児島が紹介されていた。「茶菓として沢山《たくさん》の塩漬け菜っ葉や酢漬のラッキョを客人の掌上にのっけてやる処《ところ》なり」。

11・大正三年一月十二日　桜島が噴火して　天皇陛下の奥様が　心配なされた　そーおーよ／鹿児島のわらべうた「大正三年桜島の噴火」

大正3年は1914年。皇后さままで心配なさるほどの大噴火で、子どものうたにもなった。『かごしまわらべうた』（評価問題研究所）所収。

その噴火を、遠い山口で見た詩人がいた。まど・みちおさん（1909〜2014年。奥さまは鹿児島出身）。『すべての時間を花束にして』（佼成出版）に、「南の空が真っ赤になっていたのを思い出します」とある。大人が「この世の終わりだ」と話したとも。

この世は終わらず、私たちはずっと桜島と共に生きちょっ。

12・けしんかぎい　マークシート　けしいんかぎい　神様仏様　2日かぎい　チェスト行けー／（著者書き下ろし）

毎年巡ってくる大学入学試験。死ぬほど勉強してきた受験生の皆さん、いざ出陣！受験のおまじないを一つ。鹿児島弁で一生懸命を表す「けしんかぎい」は、エ音で始まりイ音で終わる。声に出してみると口角が上がり、微笑《ほほえ》む表情になる。笑いは脳を落ち着かせるらしい。ついでに「チェスト行けー」も。エ音とイ音が入る。

鹿児島を代表する長渕剛さんの曲「気張いやんせ」を知っている人は、歌うのも良し。ご家族は、けしんかぎい祈り、カツカレーで験担ぎかな。

13・わたしは九州鹿児島の西郷隆盛むすめです／鹿児島のわらべうた「一かけ二かけ」

「一かけ二かけ三かけて」で始まるわらべうた。幼い頃、遊んだ方も多いと思う。

２０１７年の講演会で、林真理子さんがこのうたについて話された。山梨生まれの林さんは知らなかったが、秋田生まれの秘書さんと、東京生まれのお手伝いさんは、「一かけ二かけ」で遊んだそうだ。それがもとになり、小説「西郷どん！」は始まったとのこと。んだもー（なんとまあ）。西郷どんの娘さんもあの世でびっくりじゃろ。

鹿児島県民は、明治維新を扱ったドラマや映画には、目も耳も離せがならんですよね。よかにせ（美男）、よかおご（美女）、よか音楽に、胸キュン。

14・手はよかふい拭ぐたや。濡れたないで火いあたれば、しもやけをすっど。／『かごしま今昔』（南日本放送）

1月、2月は、濡れたない（濡れたまま）でストーブにあたると、しもやけになりがち。

40年前に放送された鹿児島弁ミニドラマより、旧正月の準備をする娘さんへの声かけを引用。今も息づく内容だ。近年、「かごしま今昔」は再放送され、ＤＶＤにもなっている。

先年、この番組のアナウンサーだった志摩れい子さんと偶然お会いし、変わらぬお声に驚いた。志摩さんは、方言が音として、人の口から口へ伝えられてほしいと話された。ですよね。

15・ビョウビョウビョウビョウビョウビョウ　犬のまねをする／狂言「二人大名」

『日本古典文学大系狂言集　上』（岩波書店）

昔、犬の声をビョウビョウと聞きなしていた。ワンワンは犬が飼われ始めた江戸中期かららしい。約1300年前、私たちのご先祖隼人は都の宮廷警護もしていた。警護の際には、犬の声を発していたという。邪神や悪鬼を追い払う夜声《よごえ》は有名だったようで、万葉集にも「隼人《はやひと》の名に負ふ夜声いちしろく我が名は告《の》りつ妻と頼ませ」とある。屈強な隼人になりきり、病や災いを「ビョウ」と退散させてみろかいね。

※昔、鹿児島では、犬の声を「ゴッゴッ」と聞きなしていた。甑島では、「ビョウビョウ」に似た「ボクボク」もあったという。

16・「はやくせんか。」大きな声で、世話役《せわやく》の人はどなりました。／

『マヤの一生』（大日本図書）

第2次世界大戦中、作家の故・椋鳩十さんが姶良市加治木に住んでいたときに実際起きた、ぐらしか（かわいそうな）話。食糧難の時代にぜいたくと、飼い犬は殺されることになった。愛犬・マヤを出ししぶる家族は「はやくせんか」とどなられる。マヤは連れて行かれたが、最後の力で家に帰り、次男のげたにあごをのせ息絶えた。

詩人の故・川崎洋さんの作品がよぎる。「犬も／馬も／夢をみるらしい／／動物たちの／恐ろしい夢のなかに／人間がいませんように」。『新選・現代詩文庫　川崎洋』（思潮社）所収。

17・ううっ　ちんたか　竹から　ゆきが　ひっちゃげっきたよ。はら　はら　またおちたよ。／よみやこうのすけ

「ゆき」という詩。1982年発行の『日本の子どもの詩　鹿児島』（岩崎書店）所収。当時よみやさんは伊佐市大口の小学1年生。

伊佐市は鹿児島の北海道ともいわれ、積雪も珍しくない。竹に積もった雪は、弓なりになって突然、ひっちゃげっくる（落ちてくる）んだよね。ちんたか（冷たい）よね。次々落ちて、とっさに「はら」って、声が出てしまうよね。よみやさんも今はお父さんとなり、「はら、じゃった」なんて言ってるかしら。

18・岳々《たけだけ》は雪《ゆっ》　下々《しもじも》は黒ぢょか日和《びよい》／鹿児島のことわざ

南国鹿児島に雪は降らないと思っている方も多い。ところが、ことわざにもなるくらい降るのである。屋久島には九州一高い宮之浦岳もある。

桜島や霧島などが雪化粧する頃、沖は荒れる。漁師はこのような日を「黒ぢょか日和」と呼ぶ。黒ぢょかとは、焼酎のかんをつける容器（ちょかは土瓶や急須のこと）を指す。つまり、骨休みしなさいってこと。

他にも、人は見かけ以上に裏の苦労が多いたとえの「山は高けほど　雪が降《た》っ」もある。大寒の頃は、言葉通り寒さの底が続く。

19・「どこでんよか。じゃっどん、必《かなら》ず、もどっきやんせ」／
『創作民話　雪ばじょ　おはなしと「音楽づくり」』（南方新社）

雪ばじょとの出合いは「ゆきおんな」（中脇初枝著・小学館）のあとがきだった。いろいろな雪女の呼び名に、雪ばじょ（鹿児島県）と。まさか、鹿児島にも雪女伝説？　すぐさま捜索開始！じゃっどん、民話を探しきれず、ならばと創作した。

雪婆女《ばじょ》・千代は、雪山で遭難した与助を助け結婚する。しかし、千代は夏の7日間、山へ涼みに行かせてほしいと頼む。その後の与助の台詞《せりふ》が引用文。

音も伝えたくて、ネット上で朗読。共著者・中村ますみさんのテーマ音楽も聞きがなっよ。


20・「おじゃったもんせー」「お疲《つか》れじゃったなあ」／『白をつなぐ』（小学館）

駅伝は不思議なスポーツである。ついつい見入ってしまうのだ。ただ走るだけなのに、走者の思いが伝わってくる。たすきがつながるかどうかの場面など、拝んだり、泣いたり…。

毎年1月に広島で都道府県対抗男子駅伝がある。引用文はこの大会を舞台にした、まはら三桃《みと》さんが描く物語より。広島駅で鹿児島の選手団を迎える県人会の台詞《せりふ》である。

私たちは、はしいくらんご（かけっこ）するのも、かせ（応援）するのも、たまらなく好きな民族なのかもしれない。

鹿児島にも駅伝大会が、ずんばい（たくさん）あっど。2月は、県下一周駅伝！

21・西郷どんで鹿児島弁に日が当たり／愛甲敬子

ですです。さんさんポカポカ、嬉《うれ》しかねえ。西郷どんが出てくるドラマでは、出演者の鹿児島弁に拍手喝采だ。みなさん、録音した鹿児島弁を音楽のように聞いて覚えられるそうな。引用は、川柳『雑草』(2017年12月号)より。

志學館大学で講座「鹿児島弁という音楽」を持っている。2017年にこんなレポートがあった。「方言が好きである。温かくて、ホッとして、聞いていてとても落ち着く」。方言は若者の心をも潤す力があるようだ。「西郷どん」は音楽療法にもなりそう。

22・汚れは　噛《か》ん殺しゃせん／鹿児島のことわざ

寒くて乾燥するとインフルエンザが猛威を奮ってくる。うがい、手洗い、栄養、睡眠。加えて免疫力を高めそうな、あいもこいもそいも…。

でも、やっぱり、昔のし(衆)が言うことも守らんとね。発熱中、お風呂は我慢我慢。体の汚れは噛み殺しはしない。産後も母から言われたっけ。では私から風邪のおまじないを。

「ぽんかん　きんかん　なつみかん／かるかん　ようかん　あわゆきかん／けせんだんごにかからんだんご／なんでんかんでん　かんじょれば／かぜなどひかん　ひっちかん」。

23・「のこは　ふゆしごろやからお父《とう》さんの子《こ》」だって言《い》うんだよ。／『のこのこ！』（小学館）

南日本新聞で2010～15年に掲載された西炯《けい》子《こ》さん（指宿市出身）の8コマ漫画「のこのこ！」より。単行本にもなっている。

寒い朝は、なかなか起きられない。南のこは、制服を布団の中で着ようとするが、母に見つかり一喝される。ふゆしごろは、ふゆいごろ、ふゆっごろともいわれ、無精者や寒がりのこと。似た言葉に、あさねごろ、もある。

今朝も思ったもんだ。このまま布団の中でぬくぬく、でもトイレへ…。ああ誰か、私の代わりに行ってくれんどかい。

24・鹿の子の国／『指宿の昔話「鹿児島」』（指宿図書館）

開聞の岩屋の寺に来た鹿が、仏前の水を飲み身ごもる。鹿の口から生まれた姫はたいそう美しく、やがて都の天子さまへ嫁ぐ。しかし、姫の爪は鹿の爪だった。足袋で隠し続けるが、ばれて里へ戻って来る。この姫が生まれたあたりを鹿の子の国といい、やがて鹿児島になったそうな。紙芝居の最終ページには、いわれとなった場所の写真が付いている。また、この紙芝居はインターネットでも配信中。

へえーっ！。私たちって鹿にご縁があったんだあ。うれしか、たのしか、めずらしか。

25・飲むけ／行くけ／歌うけ／／「け」は「かな？」の意味／馬庭大輔

２００５年発行の『現代若者方言詩集』（大修館書店）所収「けが」より。以下続き。「飲むが／行くが／歌うが／／「が」は「～しよう」の意味／／鹿児島の人は「けが」が多い」。馬庭さんは当時、鹿児島大学生。

一方、２０１７年、志學館大学生の福留奈々さん作「あかさたなごんかごんま弁」より。「あいうえおいどんさつまっこ／かきくけこまんか子はむじょか／さしすせそがらし灰《へ》が降っど（中略）はひふへほがなかやっせんぼ（後略）」。若者も、方言の匠《たくみ》である。

26・降灰とコラボ大根世界一／土持さくら

毎年、1月終わりに「世界一桜島大根コンテスト」が開催される。ギネス記録は２００３年の重さ31・1キロ、胴回り１１９センチ。さあ、この記録をいつ超えられるか？　引用句は『薩摩川内こころの川柳』（２０１４年）より。

桜島大根は鹿児島弁で「しまでこん」。大根とは思えない甘さに驚く。秘密はミネラルたっぷりの火山灰土壌。つまり、降灰とコラボしたのだ。『桜島！まるごと絵本』（燦燦舎）の主人公は、熱々の大根を頬張りながら、「じいちゃんの大根は、桜島の味がする」と笑った。

27・なぜ、ここに?! 福島県郡山市《ふくしまけんこおりやまし》で発見《はっけん》! 大久保神社《おおくぼじんじゃ》!!/『明治維新《めいじいしん》って何《なん》け?』(あしべ書房)

1979(昭和54)年、大久保利通公の銅像が鹿児島市の甲突川沿いに建った。当時、私は高校生。通学路として朝夕眺めながら思ったものだ。「大久保さんも、のさんねえ。いつも西郷さんと比べられて」。

戦争とは、勝っても負けても残酷である。平成が終わった今、大久保さんの業績にも光を!

大久保さんは、福島の郡山では水神様だという。安積《あさか》原野の開拓事業と猪苗代《いなわしろ》湖からの水路掘削に尽力されたのだ。全然知らんかった。引用は、かごしま児童文学「あしべ」編。

28・正月どんのこらつ(来)せば なんとなんとなんしよ/『淵上毛錢詩集』(石風社)

「正月どん」から鹿児島弁の詩かと思いきや熊本弁。故・淵上さんは熊本県水俣市出身。言葉の境目は明確でなく、グラデーションがかかっている。

「どん」は殿。尊敬や親しみを込めた言い方。西郷どん、正助どん、医者どん…。種子島では「どん」だけで男女関係なく私を表す。人気バンドRADWIMPSの「いいんですか?」には「おいどん」が出てくる。

2018年、鹿児島県は新キャッチコピーとして「どんどん鹿児島」を発表した。さあいっど。どーんと世界へ、よーい、どん!

29・うんだもこら　いけなもんな　あーたいげん　ちゃわんなんだ／「ちゃわんむしのうた」

JASRAC 出 1910034-203

鹿児島県中学の愛唱歌集『ともしび』にもあり、親子3代で口ずさめる歌となっている。2013年のNHK「にほんごであそぼ」でメジャーデビューを果たした。大正時代に作詞作曲した石黒ヒデさんも「まこてげんねこっじゃ」（まことに恥ずかしい）とあの世から笑っていらっしゃるだろう。

小中学校鹿児島方言出前授業委託団体「かごしま弁劇団」の薩摩おごじょたちは、喜劇「新ちゃわんむしの歌」で子どもの心をつかんでいる。うんだもこら（あらまあ）魔法のような言葉を覚えて、いけなもんな（どうしましょう）というぐらい、県民の愛唱歌だ。

30・一日のうちいたるところで「キバレ！」と激励を受ける／南日本新聞国際面企画「JICAボランティアFromかごしま」

鹿児島出身の松山遼さんは、アフリカのブルキナファソ国へ国際協力機構（JICA）の青年海外協力隊として行った。通りを歩くと、あちこちから「キバレ」というあいさつが交わされ、驚いたそうだ。なんと「キバレ」は、現地のモレ語で「元気？」だったのだ。2014年8月2日付の南日本新聞記事より。

ああ、不思議な響きのKIBARE。

1月1日から31日までの何と早かこと。年の始めの目標が三日坊主になっしもたって？　大丈夫。3日が10回で30日じゃ。

みなさーん、キバレ？

31・お正月《しょうがつ》が過《す》ぎ、春《はる》が近《ちか》づき、気《き》の早《はや》い鶴《つる》は北《きた》へ帰《かえ》りはじめました。／『マナヅル坊やの大冒険』（かわなか　わらべ発行）

まだ寒いから、もちっと、いてよかよ。と思ってしまうツルの北帰行が始まった。どうしてわかるんだろう。風を感じる？

マナヅルしんは、蛙《かえる》と田の神様の話を聞き、牛蛙のオーケストラや鯉《こい》のぼりを見たいと思い、出水での「いのこり」を決行する。かわなかさんの文に、井亀美咲さんが絵を添えた絵本から引用。出水市の鶴荘学園（前身は荘中学校）には「ツル科」がある。約60年間羽数調査をしているツルクラブの生徒さんも、風を感じられるのかもしれない。

32・高隈おろしたけるとも　我に不屈の力あり／鹿屋工業高校校歌

鹿屋の産院で2人の子を産んだ。暮らしていたのは錦江町。冬場の通院は身にこたえた。地元の方曰《いわ》く。「高隈おろしです」。

鹿屋工業高校の校歌にその名が刻まれている。引用は2番より。校歌ってよかよね。心がはしっと（しっかり）なるもの。高校時代は越えなければならない山から、冷たい強風が吹くかもしれない。じゃっどん、不屈の力は必ず春風を呼ぶ！

さて私はその後、種子島へ移った。南種子町も冬場冷たい強風が吹いた。地元の方曰く。「屋久島おろしです」。

33・おはんは、あたいたちに、福《ふく》をもってくるのがしごとでしょうが／

「塩買《しおか》い大黒《だいこく》」『子どもたちに聞かせたい鹿児島のむかし話』（鹿児島童話会）

節分には豆をまく。豆には邪気を払うマジカルパワーがあるらしい。魔《ま》の目《め》に豆《まめ》を当てると、魔《ま》が滅《めっ》するという。「ま」と「め」の言葉遊びも面白い。

同じくパワーのあるのが塩である。塩なくして人は生きられない。引用は、塩不足の年の昔話。泰平寺（薩摩川内市）の大黒さんは、小僧どんから「福をもってくるのが仕事」と怒られる。そこで大黒さん、甑島まで塩を買い付けに行ったという話。福のためなら動かないものも動く。まさに、マジカルパワーじゃっせん？（じゃないかな）

34・花ん時《とっ》からないあがいずい、町《ちょう》がずるっ良かかざいっぺで良か気分じゃんど／

『かごしま文化の表情　方言編』（鹿児島県）

梅の甘酸っぱい香りが好き。梅はてんがらもん（おりこうさん）じゃ。まだ寒いうちに花を咲かせるし、実も梅干しや梅酒になる。花言葉は、忍耐。英語では、ｋｅｅｐ　ｙｏｕｒ　ｐｒｏｍｉｓｅ（約束を守る）。うーん、洋の東西を問わず、高潔な花って感じ。

引用文は「梅の開花期から収穫期まで、町がすべて良い香りいっぱいで良い気分ですよ」の意味。「かざ」は香り。町中に広がる梅の香りって？　思いっきり、かずんで（かいで）みたいな。春の匂いかな。梅が咲き始める頃、立春を迎える。

35・日《ひ》なたぼっこさん／あっちばっか／照《て》いやんな／こっちばっか／照いやいお／鹿児島のわらべうた「日《ひ》なたぼっこさん」

太陽が雲に隠れると「あっちばかり照らないで、こっちばかり照ってよ」って、わが子と歌ったなあ。親子でぽかぽか。

今昔物語一九ノ八にも「日うららかにて、日なた誇《ぼこり》もせむ」とある。「日なた誇」は日なたぼっこの語源。昔からお日さまのぬくもりを感じていたのね。あっ、そうか。草木も日なたぼっこで、ほこる（茂る）んだ。

お爺《じい》さんお婆《ばあ》さんも、日なたぼっこせんならね。日光よりビタミンDが体内へ取り入れられ、骨が元気になる。お日さま、これあなあ（ありがとう）。

36・僕《ぼく》にとっての鹿児島の魅力は、鹿児島弁《べん》です！／川崎宗則

鹿児島県教育委員会発行『続　郷土の先人　不屈の心～小学校上学年用～』より。わっぜえ名言じゃ！

ムネリンこと川﨑宗則さんは姶良市出身の日・米で活躍されたプロ野球選手で、現在はコーチもされている。以前、テレビで少年野球を指導する姿を見かけた。鹿児島弁で少年たちへ話しかけている様子が印象的だった。標準語や英語の世界で生きるスーパースターが、自分たちと同じ言葉で語りかけてくれる。少年たちはどんなにうれしかったことか。緊張もほぐれ、力がみなぎったと思う。言葉は底力である。

37・金金《きんきん》ち周囲《はた》が選手ん首《く》ぶ締《し》めっ／有川南北

じゃがじゃが（そうだそうだ）。4年に1度の世界的なスポーツの祭典は心が躍る。金メダルへの期待も高まるが、ちっと静かに観戦してみもんそかい。薩摩郷句集『たっばけ』より。冬のスポーツといえばスキーやスケートだが、私は一度もしたことがない。ところが、わが子は修学旅行でスキーを学んだ。本場長野県のゲレンデの匂い、スキー板で踏んだ雪の感触、滑る難しさを体験している。スキー観戦も五感フル回転で応援できるだろう。でも、想像のゲレンデやスケートリンクに、心飛んびゃがる（飛び上がる）のもよかよね。

38・白地に赤く　日の丸染めて　ああ美しい　日本の旗は／唱歌「日の丸」

小学校の音楽の教科書に掲載され、みんなが口ずさめる歌。戦争時代、大勢が亡くなられたことに手を合わせ、種々なスポーツ大会で掲げられる平和な日々に感謝したい。日の丸はメイド・イン・サツマじゃっから、県民としてはちょっぴり特別な気分。

「ああ美しい」旗は、本当に美しい黄金比なのである。縦と横の長さが、だいたい2対3。しかも、赤い丸の直径と縦の長さの比も、だいたい2対3。黄金メダルで、黄金比の日の丸を真ん中に掲げられるところをやっぱい、見ろごちゃ（見たいなあ）。

39・あなたはあんパンあんパンあんパンと言ったじゃないですか／『んだもしたん　鹿児島弁講座』（高城書房）

鹿児島から県外に行った女の子が、パン屋でジャムパンとクリームパンとメロンパンを買ったのに、袋にはあんパンが3個。怒った女の子はパン屋へ後戻りした。その時の店員の言葉が引用文。女の子は「あんパン（あのパン）」と指さしながら買ったのかな。おもして話じゃ。

２００４年発行のＣＤで、志布志市の方言研究家、橋口滿さんの監修。ＭＢＣアナウンサー上野知子さんとタレント故・猪俣睦彦さんの朗読が心地よい。最近は全国的にどの放送局もお国言葉を大切にする傾向を感じる。

40・ロケット基地茅花もその気になってるみたい／『藤後左右全句集』（ジャプラン）

１９７０（昭和45）年の2月11日、肝付町の内之浦宇宙空間観測所から、日本最初の人工衛星「おおすみ」が打ち上げられた。以来、数々の衛星・探査機を宇宙へ送り出している。イプシロンもここから。種子島にもロケット基地を持つ鹿児島県は、宇宙へのエントランスホールだ。

引用は「新樹並びなさい写真撮りますよ」で有名な故・藤後左右さん（志布志市出身）の句。茅花《つばな》をロケットに見立てるなんて。うーん、拍手拝礼！　では敬愛をこめて。「茅花どんいっせいにロケットと並びなさい　打ち上げ写真撮りますよ」。

41・とおで　とうとう天文館《てんもんかん》じゅういち　じゅうに　あそんけいっどー／「かぞえうた」『鹿児島ことばあそびうた』(石風社)

島津重豪《しげひで》公の頃、鹿児島城下に天文・暦学研究のため明時館(別称天文館)があったとさ。じゃっで、天文館。今は通称てんまち。昨今ショッピング街は分散しているが、やっぱり天文館は面白い。よかべんべん(上品な服)を着て歩きたい街だ。

２０２２年、「タカプラ」跡地に「センテラス天文館」が開業した。幅広い客を招き寄せ、新たな光で街を照らしている。引用は拙者より「ひとつ　火の島桜島」で始まる詩。仕事も勉強もキリのよかとこでうっちゃめて(やめて)、さあ、あそんけいっどー(遊びに行くよ)。

42・へボ将棋《しょうぎ》なっちょらんとで勝負《しょっ》がちっ／山下松食虫

羽生善治さんは、２０１８年国民栄誉賞を受賞され、19年には将棋で歴代最多の１４３４勝を達成。さかのぼること17年秋の勝利で永世七冠を達成されている。その地は指宿。県民にも誇らしかった。

引用は『さつま狂句一〇〇年』(渋柿会)より。「なっちょらん」(正しくない)指し方で勝負がついたという。私は、はすんこ(はさみ将棋)や将棋倒しで遊んだ。将棋は元々、金、銀、桂(香辛料になる木)、香(香木)、玉(宝玉)を取り合う経済ゲームだったとテレビで知った。ああ、ほいで(だから)、私は覚えがならんのかも。

43・やっぱり私は嬉しいでした／『母の恋文—谷川徹三・多喜子の手紙』（新潮社）

谷川俊太郎さんが編まれた本。その中で、お母さまの恋文に「嬉しいでした」を発見した時、私はとっても嬉しいでした。お母さまは京都生まれ。鹿児島にゆかりはなくても、当時、こういう使い方をされていたのですね。

方言辞典によると、鹿児島弁の「嬉しいでした」は「嬉しゅごあした」から生まれたとのこと。作文の時間、「嬉しいでした」は「嬉しかったです」に書き直された。間違いなの？

私は箒《ほうき》で「はく」より「はわく」が好き。はくだと吐くに聞こえるから。味が「濃い」も「こゆい」が舌にピタッと来る。日本の呼び名も、ニホン、ニッポンの二本立て。ふう、言葉は難しいでした。

44・最後までお供しもんそ／「桜華に舞え」（宝塚歌劇）

桐野利秋（中村半次郎）を主人公にした歌劇より。政府軍による城山への総攻撃が始まる場面で、桐野演じる北翔海莉《ほくしょうかいり》さんのせりふ。相手はもちろん西郷隆盛である。タカラジェンヌの清く正しく美しい鹿児島弁に酔いしれた。おはら節で舞い踊り、政府軍から流れるヘンデル「見よ、勇者は帰る」で笑い合う演出も、愛と涙とが交錯した。

ただし2017年、映画館での鑑賞。宝塚大劇場（兵庫県宝塚市）に行きたいな。でも道がわからんと。誰か連れて行ってくれたら、お供しもんそ。

（このコラムを読んだ友人が、令和元年6月、私を宝塚大劇場に連れて行ってくれもした。観劇に感激！）

45・「てげてげ」　私のふるさと、鹿児島県の方言です。「いい加減」という意味ですが、あえて私は「良い加減」。／愛華《あいか》みれ

鹿児島弁が本のタイトルになった『てげてげ。「良《よ》い加減《かげん》」なガンとの付《つ》き合《あ》い方《かた》』（武田ランダムハウスジャパン）より。

愛華さんは南大隅町出身の元タカラジェンヌ。病を克服され、女優としてもご活躍中である。２０１７年、鹿児島の偉人を紹介するテレビ番組に出演され、大久保利通公について、格式張らない「良い加減」の分かりやすい説明をされた。

種子島では、てげてげを「たいがいたいがい」という。語源は「大概大概」だったんだ。

46・女子《おなごんし》の衆、婆様《ばっばん》、爺様《じさん》、集落《むら》に住む全員枝《ねっかい》に取り付きて引く／森山良太

鹿屋市中津神社では、２月の第３日曜日に豊作を祈願する「鉤《かぎ》引き祭」が行われる。それは綱引きならぬ大木引きなのだ。

２チームに分かれ、長さ約10メートル、重さ約１トンもの雄木《おぎ》、雌木《めぎ》を切り出し、神社の境内まで担ぎ、２本を引っかけスタート。引用は『西天流離』（ぶどうの木出版）より。

森山さんはこの祭りをルポ風に詠む。「一の坂二の坂のぼり雌木に乗る舵《はな》取り喚《おら》ぶ『気張らんか、こら！』」「『何事《なんごつ》じょ、雌木はもちっと前へ出せ』雄木の舵取り行司にすごむ」。荒ぶる祭りに鹿児島弁が光る。

47・思《む》いどぅ　運命《ぬさり》　請《ふぃ》どぅ　幸運《うぷん》／与論島のことわざ

思い願うことがその人の運命となり、請い願うことが幸運へつながる―の意味。薩摩大隅でも「のさった」（運に恵まれる）や、「ふがよか」（運が良い）を使う。同じだ。与論言葉（ユンヌフトゥバ）も、玉手箱から出しもんそ。

大島地区では毎年2月18日を「方言の日」と定めている。由来は2が「フ」。18を分けて、10が「トゥ」、8が「バ」だから。鹿児島県は11月の第3週を方言週間としている。方言が若者の口へ広まれ！　思いどぅ運命、請どぅ幸運。

48・子カンミィヤ村中ヌ揃ティ　待チュン／徳之島のテーキ（ことわざ）

徳之島では出産を「子カンミィ」（尊い生命を神から押しいただく）と言うそうだ。このテーキは「出産は村中が揃《そろ》って待ちわびる」の意味。なんてすてきな言葉。方言は文明社会で人を立ち止まらせる。太古の人の心に触れることができるのだ。引用は松山光秀著『徳之島の民俗文化』（南方新社）より。

奄美では方言という言い方も一つではない。一部記すと、沖永良部島ではシマムニ、徳之島ではシマグチ、喜界島ではシマユミタ、奄美大島ではシマクチ…。ああ、宝物が待チュン！

49・〇〇ちゃん　〇〇ちゃんのかわいいあんよ／『さつまのふれあいあそび　ベビーマッサージ　ら・ら・ら』（あさんてさーな）

焼酎のCMでも使われる「薩摩兵児謡《へこうた》」の替え歌。冒頭の「おどま薩州　薩摩のぶにせ　色は黒くて　横ばいのこじっくい」の部分に、引用部分を2回繰り返し歌ってみて。その後、「はいはい　できたら　たっちができて　そのうち　あんよが　じょうずになるよ」と続く。作者は吉松美津子さん。詩人でベビーマッサージの資格も持つ。画家・玉利潤子さんの挿絵に思わずマッサージしたくなる。まこて、むぜ（かわいい）あんよ。「横ばいのこじっくい」は背の低いがっちり体形のこと。

50・鹿児島レブナイズ（REBNISE）／プロバスケットボールチーム

バスケットボールの圧巻シーンは、土壇場で決まるロングシュートだ。鹿児島にはプロチーム「鹿児島レブナイズ」がある。名前の由来は、前身のレノヴァの意志を受け継ぐ「RE」と、鹿児島弁の不二才《ぶにせ》（BUNISE）を融合させたもの。試合前に「薩摩兵児謡《へこうた》」を歌うとか。不二才とは武骨者だが、チャラチャラしてない骨のある男性って感じ。2017年の「かごしま弁フェスティバル」で、選手たちは私の後に登壇し、チームをPRされた。みんな「よかにせ」ばっかりじゃったよ。

51・猫にかつぶし／鹿児島のことわざ

昔、祖父母宅にジスという名の猫がいた。横文字風の名前が印象的で「ジス・イズ・ジス」と習いたての英語で遊んだ。

鰹節《かつぶし》を削りながら「ジス、けー（おいで）」と言えば、まっしぐらにやって来た。祖父母は鰹節と味噌《みそ》にお茶を注ぐ「茶ぶし」を飲むと、鰹節を一つまみジスに「そい」（どうぞ）。

油断できない状況を招いてしまう意味の「猫にかつぶし」だが、私にはニャンとも言えない陽だまりの言葉である。2月22日は、ニャンニャンニャンで猫の日だとか。

52・「ああ、なつかしい　においー！」かあさんは　しんこきゅうしている／『月刊かがくのとも　かつおぶしのまち』（福音館書店）

ふるさとを感じる匂いを持っちょいやっ（お持ち）ですか？

私は、薪《まき》をくべる匂い、ミカンの匂い、ワラの匂い、お茶摘みの匂い、桜島の灰の匂い。そして、10年間暮らした薩摩川内市のパルプの匂い。

引用は「かつおぶしのまち」の匂いである。「かあさんのうまれこきょうは、かごしまけんの　みなみのさきっぽ」で始まるこの絵本は、鰹節《かつおぶし》が出来上がるまでを、詳しく描いている。坪井郁美さんの文、二俣英五郎さんの絵。絵本から枕崎の鰹節の匂いがしてくるよう。

53・種子島空を見上《みあ》ぐい人が寄《よ》っ／永瀬ひよこ

薩摩狂句『さんぎし』（2017年5月号）より。さんぎしは竹馬の鹿児島弁で、鷺足《さぎあし》が語源とか。その表紙には竹馬に乗る少年の絵が描かれ、故・八島太郎さんの署名と印がある。南大隅町出身の世界に誇る絵本作家だ。薩摩狂句の創始者が八島さんと親しかった縁だとのこと。八島さんは戦争に翻弄《ほんろう》され、日本とアメリカで暮らした。

引用句から、ロケット打ち上げに集まる人々の楽しそうな様子が浮かぶ。見上げる空は、いつも平和を感じるものだけであってほしい。

54・わが君は千代《ちよ》に八千代《やちよ》に細《さざ》れ石《いし》の巌《いはほ》と成《な》りて苔《こけ》のむすまで〈読人《よみひと》しらず〉／『新編日本古典文学全集　古今和歌集』（小学館）

国歌「君が代」は大山巌が詞を選んだともいわれる。この歌のルーツは古今和歌集の賀歌《がのうた》。「わが君」は今風に言うと「あなた」であり、敬愛する人や恋人にもなる。ということは、私が夫の五十の賀（50歳の誕生日）に「おまんさあ、お願いがございもす。こまんか石がふっとか岩になり、苔が生《は》ゆっとっずい、長生きしやったもんせ」でもOK。おめでとうの気持ちは伝える側の喜びでもある。

地球はひとつ。国と国がお互いの長寿を願う世の中が、千代に八千代に続いてほしい。

55・燃ゆる感動かごしま国体／かごしま国体愛称

２０２１年夏、世界的なスポーツの祭典に酔いしれた。柔道の濵田尚里選手やソフトボールの川畑瞳選手の金メダルは、鹿児島の誇り。そして23年秋には鹿児島で国体がある。愛称は「燃ゆる感動かごしま国体」。燃ゆるは燃えるの文語表現で、より心の底から燃えているように聞こえる。古言は美しい。鹿児島弁にも残っている。「火が燃ゆっ」「煙が見ゆっ」「風の音が聞こゆっ」の「燃ゆ」「見ゆ」「聞こゆ」など。

大会テーマソングの辛島美登里さんの「ゆめ～ＫＩＢＡＩＹＡＮＳＥ～」は、県のホームページから聞こゆっよ。

56・高校時代に標準語、薩摩弁、英語という３カ国語の世界に育ち／村岡崇光

ヘブライ語や旧約聖書の研究家・村岡さん（オランダ在住）は、大口高校に通われていた。２０１７年、英国学士院から聖書神学の優れた研究者へ贈られるバーキット賞を受賞された。アジア人では初めて。

引用は２０１７年11月３日付の南日本新聞から。大口高校時代に３カ国語で育ったという。村岡少年はきっと、言葉の持つ微妙な違い、不思議な表現、発音やアクセントの魅力に引きつけられたのだろう。故郷の言葉を大切に思う心が、言語感覚を磨く道しるべかもしれない。

57・日本語で、家に来ない？　来る？　って言うと、来るって言っちゃいます／
NHK「おとなの基礎英語」

NHKのEテレ「おとなの基礎英語」（2017年放送）で「Coming」の解説中、歌手のサラ・オレインさんが引用の言葉を言うと、俳優・田丸麻紀さんが「新しいお返事な感じ」と答えた。いえいえ田丸さん、鹿児島では「行く」ではなく「来る」と言いますよ。遊びの約束なら「10時に来るから」と。同様に英語表現に近い例を。美容院で洗髪中、「かゆいところはありませんか」と聞かれると、「はい、ありません」ではなく「いいえ、ありません」と答える。COOL（かっこいい）、鹿児島弁。

58・思えば　いと疾《と》し　この年月　今こそ　別れめ　いざさらば／
唱歌「仰げば尊し」

3月といえば卒業式。「仰げば尊し」の聞こえる季節だ。高校教員時代に話したなあ。「疾し」は「早い」で、「とっと、せんね」（早くしなさい）の語源よ、「今こそ別れめ」は「さあ今別れましょう」で「別れ目」じゃなかよ。目を丸くした生徒も親になり、子供と一緒にこの歌を聞いているかな。

美しい歌詞と切ない旋律で奏でる卒業のテーマソング。親子で共感しあえる歌って、ブラボーだ。全国的に「仰げば尊し」は歌われなくなったらしい。鹿児島では歌い継がれている学校もある。歌い続けてほしい。

59・なんネ、また間違った。こしこ練習してんやっせんなら、そしこしか実力がないんだ、みんなやめてしまえ／尾辻義《のり》

鹿児島純心女子高校新体操部の元監督・尾辻さんの叱咤《しった》激励。あらゆるスポーツや芸術を牽《けん》引《いん》される方は、桜島の爆発と静寂のような両面を持っておられるのだろう。川越政則著『南日本風土記』（鹿児島民芸館）より。

さて近年、新体操は男子にも浸透してきた。鹿児島実業高校男子新体操部は、そのコミカルな演技から全国的に知名度抜群だ。鹿児島市はPR動画「維新 dancin'　鹿児島市」に抜擢《ばってき》した。樋口靖久監督もひったまがったとのこと。ネットで見いがないよ。楽しかよ！

2019年には、「維新 dancin'　鹿児島市　season2」も発表。

60・このあたりを今でも「拝顔」と書いて「オガンゴ（拝み顔）」即ち山幸彦と乙姫が初めて顔を合わせたという地名になっているのです／『開聞町郷土誌』

毎年、娘と一緒にお雛《ひな》さまを飾る。娘はお内裏さまとお雛さまをしばらく向き合わせてから、並べる。いつも正面を見ているので、お互いの顔を拝ませてあげたいらしい。

引用のゆかりの地指宿市開聞に「玉の井」という井戸がある。竜宮城への入り口とか。その井戸をのぞき込むと、水はないが、なにやら竜宮城へ行けそうな気がした。このあたりは、山幸彦と乙姫が初めて顔を合わせたことから、「拝顔」（オガンガオ、オガンゴ）というそうだ。鹿児島では雛祭りを4月3日にする所もある。ご両人を「拝顔」してあげて。

61・先輩、桜島は太かですねェ／『奈緒子』（小学館）

鹿児島県の陸上部員なら、坂田信弘さん原作、中原裕さん作画の漫画『奈緒子』を読んでいると思う。全国中学駅伝大会の舞台が鹿児島という設定なのだから。鹿児島市の鴨池陸上競技場からスタートし、桜島フェリー乗り場前を通り、大崎ケ鼻を回り、鴨池まで戻るコース。引用は主人公のいる長崎代表中学を見守る関係者の言葉である。

毎年3月には、鹿児島マラソンが開催される。『奈緒子』の駅伝コースよりも先の姶良市重富でUターンする。記録を狙う人、走るのが好きな人。みんなみんな、太か桜島が見守っちょいよ。

62・泥まみれ、というより桜島の火山灰まみれで毎日ボールを蹴っていたこと／『明日《あした》やろうはバカヤロー』（日本スポーツ企画出版社）

愛称ヤットこと遠藤保仁さんの言葉。桜島で育ったサッカー3兄弟の末っ子で、Jリーグで活躍するスターだ。火山灰まみれのサッカー大好き少年が目に浮かぶ。やっぱい、かごしまん子じゃった！　お母さまも3兄弟の洗濯、おやっとさあ！

一流選手になる方々は、小さい頃から大きな目標を掲げ、たゆまぬ努力をしておられる。「明日やろうはバカヤロー」と自分を鼓舞し続けるのだろう。このタイトル、某予備校の廊下でも見たっけ。元は、テレビドラマ「プロポーズ大作戦」だという。

63・ウメの講義は、鹿児島弁《かごしまべん》のアクセントまるだしでしたが、人気を集めました／『鹿児島の童話』（リブリオ出版）

佐藤一美さん作「女性化学者の先駆《さきが》け・丹下《たんげ》ウメ」より。

ウメさんは１８７３（明治６）年生まれの薩摩おごじょで、栄養学にたけた「リケジョ」。鹿児島市の山形屋前に胸像がある。３歳の時に事故で右目を失明したが勉学に励み、小学校の教師になった。その後、日本女子大、東北大、さらに米ジョンズホプキンズ大より理学博士の称号を受ける。日本女性で第１号。東大で農学博士の称号も受ける。引用は日本女子大教授時代の様子だ。方言は、学問にマイナスどころか、人を和ます力に化ける。

64・喜入駅／JR指宿枕崎線の駅名

鹿児島市の喜入は、縁起の良い名前だ。JR喜入駅の切符を持つと「喜びが入ってくる」から、受験生に人気が高い。

例年3月上旬に、県内の公立高校で入試が行われる。受験生のポケットに、菅原神社のお守り、喜入駅の切符、さらに鹿児島市交通局の「すべらないシート」も入っているかもしれない。苦しい時の神頼み、言葉遊び頼み。最後まできばいやんせ！

さて過日、日置市の稲荷神社のお守りをもらった。「喜常《きつね》」と書かれたキツネの人形ストラップ。常に喜ぶ、ありがたかあ。

65・鹿児島での仕事があなたのライフ・ワークの次のステップになるように努力しましょうよ／『やまない雨《あめ》はない』（文藝春秋）

元鹿児島地方気象台長、故・倉嶋厚さんの随筆より奥さまの言葉。その言葉通り、倉嶋さんは鹿児島県民の必須アイテム「桜島上空の風向き」を残された。

倉嶋さんが鹿児島にいた1983（昭和58）年は桜島の噴火が激しかったころ。市民の降灰予測を望む相談を受け、上空の風の状況を提供された。今や欠かせない情報だ。新燃岳や、口之永良部島でも「上空の風向き」は生かされている。

倉嶋さんは2017年8月、他界された。奥さまの死やうつ病を乗り越え活躍された。あの世の天気は、どげんですか？

66・「この問題の解き方教えてー」「こうして、こうして、こうよ」「あーね！ありがとう」／若者言葉

志學館大（鹿児島市）の学生から教えてもらった使い方である。「あね」や「あねあね」にもなる、相づちの言葉。

『全国方言辞典』（三省堂）によると、「あーね」は21世紀初頭、福岡県の高校生を発生源とするらしい。同輩や年下の相手に使い、年上に使うのはルール違反。辞典の注釈には、2004年の時点で宮崎や鹿児島では使用しない、とある。近年、この言葉は鹿児島の若者にもすっかり定着した。鹿児島弁のラインスタンプにも入っている。方言が広がるって楽しかね。

67・奇《く》しくも、東日本大震災の前日のことでした／『39席の映画館』（燦燦舎）

鹿児島市天文館のミニシアター「ガーデンズシネマ」の赤いイスは、運命のイスである。開館当初のイスは映画鑑賞用ではなく、お客さまから「お尻や背中が痛くなった」という声もあった。そこで支配人の黒岩美智子さんのつてで、閉館する岐阜県の劇場から譲ってもらう運びとなった。２０１１年3月10日到着。もし1日ずれていたら、東日本大震災で交通網が麻痺《まひ》しどうなったかわからない。

ガーデンズシネマに行かれたら、運命を感じ、なんかかって（もたれて）みてください。

68・行こや　はっちこや　太鼓三味線《てこさんせん》かろて　どこも陽が照る雲の下／『かごしま文化の表情　わらべ歌・民謡編』（鹿児島県）

霧島市の鹿児島神宮では、旧暦正月18日の次の日曜日に初午祭が行われている。家内安全や五穀豊穣を祈願するお祭り。そこで歌われるのが「十八日の馬の歌」。引用はその4番。「はっちこや」は行ってしまいましょうよ。

この歌に合わせ、馬がステップを踏みながら踊る。しかもその馬たるや、リオのカーニバルさながら。学生時代、ゼミの先生や友人と見に行った。帰りにポンパチ（初鼓）をお土産にしたのが懐かしい。馬と鳥居の絵。朱と黄色は魔除《よ》けの色で、子どもの健康を願うとのこと。馬見《み》いけ、ポンパチ買《こ》け、初午祭に行こや。

69・むかしは、その、地震の事お（を）、なえと言い申したそうでごあんさあ／

『種子島の昔話1』（三弥井書店）

南九州市出身の民俗学者、故・下野敏見さんの「地震《なえ》の始まり」より。「なえ」とは地球をぐるりと回れるほどの長い魚で、いつもは自分の尾を自分の口でくわえている。だが時々、その尾を離してしまうため地震が起こる。地震の理由を考えた人に感心する。魚というプレートだ。方丈記に「おびたたしく大地震《おほなゐ》ふること侍《はべ》りき」とある。なゐ、なえ、同じ地震の意。昔も今も、自然の力は恐ろしい。

ねえねえ、なえどん。尾を離すっ時は、全部離さんじ、ちっとずつ、離してたもんせ。

70・オマイかたん孫だぁ、卒業して「島立《しまだ》ち」じゃぁ　なかいやいな／

『西海の甑島、里村のことばと暮らし』（「里村のことばと暮らし」刊行会）

薩摩川内市に引っ越した時、ママ友が口にする「せんこう」「しょうこう」を線香、焼香に変換してしまった。正しくは川内高校と川内商工高校の略。

その川高《せんこう》には県立では珍しく寮がある。甑島など遠距離入学者のためだろう。高校のない甑島の15歳は中学卒業後、進学のため島を離れる。「島立ち」だ。「あなたの家のお孫さんは島立ちではありませんか」と問う引用は、日笠山正治さんの言葉。

中学校の卒業式は格別である。島立ちする人もしない人も、新しい門出、おめでとう。

71・男は、この女はきっと、アモーレ（天女《てんにょ》）にちがいないと思いながら／『宇検の民話』（宇検村教育委員会）

3月14日はホワイトデー。本命チョコをもらった方は、はしっと（しっかり）して、ティファニーの指輪を渡すような意気込みで、彼女さんと会う約束を。

宇検の七夕伝説を読んでいたら、引用文が目に飛び込んできた。天女をアモーレと言うなんて！ プロサッカー選手、長友佑都さんの「僕のアモーレ」会見を思い出した。アモーレはイタリア語の愛、愛する人。美しい表現の音は、万国似てくるのかな。そういえば、県央を流れる川は、天降川《あもり》。なんだか、アモーレの羽衣がありそう。

72・堪《の》さん時《と》か広《ひ》れ海《うん》ぬ見《み》っ空を見《み》っ／塚田黒柱

薩摩狂句誌『にがごい』(2017年11月号)より。ニガゴイはニガゴウリが元。レイシ、ゴーヤーの呼び名もあるが、ニガゴイが好きだな。苦いけど、ごいごい(どんどん)食べてしまう感じにぴったりだから。

人が生きていくためには、苦味が欠かせない。若いうちは苦い経験も多い。例えば入学試験の不合格。もしかしたら、苦い春をかみしめている人がいるかもしれない。のさん（つらい）よねえ。落ち着いたら、故・塚田さんのように、広い海や広い空を見てね。青と青の限りなく広い世界が、そこに必ずあるから。

73・なんとそこには一面真っ白いきれいな花が群れ咲いているではないか。（略）その名は「さつまいなもり」／『花つれづれ』（あさんてさーな）

上野詠未さんの植物にまつわるエッセーより。戦後間もない頃、幼い詠未ちゃんは焚《た》きつけ用の杉の葉を拾いに春の山へ行った。そこで雪のように咲く花と出合う。その名は不明。それから約60年、やっと「さつまいなもり」とわかり、宿題が解けた気分と語る。

さつまを冠した美しい名前は他にもある。薩摩富士、薩摩切子、薩摩焼、薩摩揚げ、薩摩芋など。じゃっどん、種子島にいた時、玄関先で4センチほどの巨大な黒い虫と遭遇した。その名は「サツマゴキブリ」。

74・舞妓さんにしてくいやはんどかい！／映画「舞妓はレディ」

大ヒットアニメ「君の名は。」で、「瀧《たき》くん」と呼ぶ少女三葉《みつは》の声は、鹿児島市出身の上白石萌音さんだ。引用は萌音さんが主人公の映画より。「舞妓《まいこ》さんにしていただけないでしょうか」と京都・祇園へ押しかける。「マイ・フェア・レディ」の日本版。

西郷春子は、鹿児島生まれの祖母と、津軽生まれの祖父に育てられた。両方の方言が混ざる。舞妓の修行で京都弁も学ぶ。途中、失語症になった春子へ、言語学者が鹿児島弁で語りかけるシーンが印象的だ。少女の驚きと安堵《あんど》の表情にグッとくる。

75・「感心じゃった、ユ（良く）、働っきゃしたなぁ」／『鮫島民子遺句集タアちゃん』（入来きんかん文庫）

石神紅雀さんが編集した、母への随筆付き遺句集より。

民子さん（タアちゃん）の姉悦子さんは、鹿児島番傘川柳会で句作りに励んだ。民子さんも誘った。悦子さんが亡くなり、民子さんがお骨を拾いながら言った言葉が引用文。そして姉の死を詠む。「骨拾うよくはたらいた手だ足だ」。

その後、民子さんも他界。紅雀さんは母の句を拾い集められた。県立図書館にこもったという。お母さんもあの世で嬉《うれ》し涙かも。「感心じゃった。ユ、まとめがないやったなあ」って。

76・彼岸曇《ひがんぐも》い／鹿児島のことわざ

春の彼岸の頃は春霞《はるがすみ》で曇った感じだが雨にはならない、という意味。秋の彼岸曇りはない。

唱歌にも春霞の歌詞は多い。「さくら」では「霞か雲か　匂いぞ出ずる」。「おぼろ月夜」では「みわたす山の端　霞ふかし」など。春のもやっとした感じをしっとりと歌えば、もう春じゃね。だが最近は春霞か、黄砂か、降灰か、花粉か、ＰＭ2・5か。マスクも欠かせない。

じゃっどんからん（しかし）、桜が咲けば心もはやる。マスク外してお重に花見酒。ああ、開花宣言で彼岸曇いも吹き飛びそう。

77・井上雄彦さん作、親鸞の巨大屏風を展示／南日本新聞（2013年10月5日付）

井上雄彦《たけひこ》さんは伊佐市出身の漫画家。その凛としたタッチは神仏にも愛されている。井上さんが描いた親鸞の屏風《びょうぶ》（6曲1双、各2・1×5・8メートル）が2013年、鹿児島市の東本願寺に展示された。同年、伊勢神宮の式年遷宮に奉納する墨絵も手がけられた。伊佐での成長が薫る。

春分の日は、太陽が真西に沈む日。仏教ではお彼岸の中日だ。太陽系の動きや宇宙の広がりは、畏敬の念を持たざるを得ない。悲しいほど美しい夕日の中に、亡くなったあの顔もこの顔も重ね、手を合わせたい。

78・ちびが　すんでいる、とおくて　さみしい　ところを　はっきりと　そうぞうすることが　できました／『からすたろう』（偕成社）

ちびが住む所とは、南大隅町である。この絵本は故・八島太郎さんの母校である神山小学校が舞台。いじめられっ子のちびが、からすの鳴き声で人々の心を開き、卒業していく物語。

錦江町に住んでいた25年ほど前、息子をだっこし神山小学校を訪れた。絵本に出てくる門と、校長室に飾ってあるという八島直筆の「あまがさ」を見るため。校長先生は快く案内してくださった。絵はその後、南大隅町の管理となり、今は「根占図書館」に展示してあるという。どら、ちびの町へ行こかい。

79・はいたつ、しったいだれたねえ／「わっぜ、おもしてよ」山口叶夢

第52回南日本作文コンクール（2016年）の南日本新聞社賞作品。当時、日置市吉利小3年の山口君は、家に帰るとおばあちゃんが引用の「はあ、とっても疲れたね」で迎えてくれた（「しったい」は「すったい」「ひったい」とも）。そして鹿児島弁は「心と心をほんわかつなぐ、まほうの暗号」と綴《つづ》る。

2018年3月、吉利小は閉校した。校舎さん、校庭さん、長い間しったいだれたねえ。でも、さびしかねえ。今までありがとう。これからも遊びに来るからね。

80・一銭がち三つ／まけて四つ／おさらにちょい／鹿児島のわらべうた「竹ん子酢味噌」

手まり歌として知られる。「おさらにちょい」でまりを背に乗せる。この部分が「うんまかろさっさ」「んもなか酢味噌《みそ》」もあり。子どもは酢味噌が苦手かな。「一銭がち」の「がち」は価値が語源で、「で」の意味。

さて、タケノコの季節が巡ってきた。鹿児島県は竹林面積が日本一。所﨑平著『かごしま食暦』（南日本新聞社）によると、うまい順に「イッデメ、二コサン、三カラ、四モソ」。（1）大名竹（2）コサン竹（3）唐竹（4）孟宗《もうそう》竹とか。どんな味付けがよかけ？　大人は酢味噌じゃろかい。

81・照国神社横の図書館の一階の薄暗い廊下を渡って、奥の館長室の扉を押すと（略）椋先生はひとり、机の前に座っておられた／『パリの画廊で』（現代随筆選書95）

現在照国神社近くにある鹿児島県立博物館は昔、県立図書館だった。扉の先には故・椋鳩十先生。鹿児島市在住の作家・奈良迫ミチさんの随筆より。

奈良迫さんは20代の頃、初めて書いた小説を椋先生に読んでもらうために預けた。引用はその原稿を取りに行った時。「君の文章には粘着力があってよい」と言われ、仕事を持ちながら書く勉強をすること、一人の作家の作品を順番に読み込むことを助言された。奈良迫さんにとって、まこて椋鳩十の名言「感動は人生の窓を開く」瞬間じゃっつろ（だったのでしょう）。

82・我《わ》ガ、マンディー　オイシリディ、イチム、『これでよか』ディ　モーチ、ネーム聞チャブラムデヤー／『かごしま文化の表情　方言編』（鹿児島県）

西郷隆盛が2度目の島暮らしをした沖永良部島、和泊の方言。独居房での会話である。「私がたくさん召し上がってくださいと言っても『これでよか』と申されて、少しも聞き入れませんの意味。何度も声に出してみると伝わってくる。島に来た時、西郷さんにはどう聞こえたのだろう。

2018年放送の「西郷どん」の中で、篤姫の部屋に「×まっこて　〇まことに」「×おもしろか　〇おもしろし」という張り紙があった。まこておもして演出じゃ。西郷どんも島言葉をメモしたかもね。

83・おでばい　ばいばい　よかあんばい　おでばい日和《びより》になりました／

『鹿児島ことばあそびうた2』（石風社）

「おでばい」は「御出張り」が元で、おでかけや花見のこと。楽しい方言なので引用の詩「おでばい」を作ってみた。続きは「起きたはなから　心もはずん／おてんとさあも　照いやった／はめつけ行こや　人一倍」。「はめつけ」は意気込んでの意。

花見に欠かせないのはお弁当だ。最近は電子レンジを使った簡単料理も多い。２０１８年３月まで放送されていたＫＹＴ「しいちゃんのレンジ料理ショー」では、前畑静香さんと宮下純一さんの鹿児島弁が、よかあんばいじゃった。地方局は、地方の言葉を継承する力も秘めている。

84・離島　と呼ぶ人達がいる　一種の差別語と思い　嫌な　ことばだ／

『岩元一郎詩集　余韻』（南島往来社）

南種子町生まれの岩元さんの詩「嫌なことば」より。シマとリトウ、聞こえ方としては、リトウが柔らかい感じだが、漢字にすると離れ島。確かに嫌な言葉だ。どこから見ての離れなのか。宇宙空間から見たら、どがんやちゅう（どうかな）。

子どもの頃に見たアニメ「銀河鉄道９９９」がよみがえる。地球をテークオフした９９９から見えるのは、青い地球の表面に浮かぶ島々。やがてその地球も宇宙という海の島になっていった。私たちの暮らす大地は、どこもかしこも、離島かも。

85・珊瑚《さんご》もシーグラスも貝も、みんな海が作ったんだよね。（略）海ってすごいっちば／『凪よ！　カナの島へ』（国土社）

鹿児島県は南北600キロ。春は大異動のシーズンだ。港でのカラフルな紙テープは切ないが、心には虹の橋を架けていざ出航！

引用は森夏月さんの児童文学である。転校生カナが、夏休みに奄美とおぼしき「天の島」へ帰ったときのせりふより。「すごいっちば」は「すごいよ」の奄美の方言である。「シーグラス」は宝石みたいなガラスで、びんの破片が海にもまれたもの。私も集めておもちゃにしたなあ。「はげー（わあー）、おもちゃになるの」って、その声はガジュマルにすむという妖精ケンムン？

86・「むぞかこっ」玄関入りくる人たちの笑顔生みおり二歳児の靴／行騰泰子

ですよねえ。なんで、幼い子の靴ってあんなに「むぞかこっ」（かわいいこと）なんでしょう。泰子さんのひ孫さんかしら。訪問者をみんな笑顔にしてしまう。小さな命の大きな力。私もそろそろ孫がいてもおかしくない、といなもん（年寄り）組だ。「クック（靴）で、長い人生を一歩一歩あゆんでね。つらいこともあるけど、楽しいことも多いからね」と、つい応援してしまう。引用は歌集『祥雲』（山茶花社・記念合同歌集「祥雲」刊行委員）より。

わが家のむぞか靴たちは、引っ越しのたんびに断捨離されず、今も靴箱に眠っている。

87・色黒うして、牛の如《ごと》し。身には頻《しき》りに毛おひつつ、云ふ詞《ことば》も聞き知らず／「大納言死去」『日本古典文学全集　平家物語　一』（小学館）

平安時代末、平家を倒す陰謀が発覚し、俊寛《しゅんかん》、平康頼《やすより》、少将成経《なりつね》が、薩摩潟鬼界《さつまがたきかい》が島（三島村硫黄島）へ流された。引用は到着した時の島民の描写。「色が黒く、牛みたいで、毛深く、言葉もわからない」なんて、県民としては「ごぶれさあな（失礼な）」ですよね。俊寛伝説は喜界島にも残る。

鹿児島市天文館の御着屋交番近くに俊寛の碑がある。解説文には「ここから船出しました」。ここから船出？　へえー、知らんかった。でも、この地を二度と踏めなかった俊寛さんの名は、千年を越え誰もが知ってる。

かごっま言葉玉手箱

4～6月

88・しぇからしか、分かっとった。そげなこたあ／「ライオンキング」（劇団四季）

2008年春、親子で福岡に行き、劇団四季の「ライオンキング」を鑑賞した。お目当ては、主人公シンバが流浪の旅先で出会うティモンとプンバァ。想像を超える舞台に興奮したが、それより何よりティモンとプンバァの博多弁！　引用は「うるさい、分かってた。そんなこと」の意味。会場は沸くし、鹿児島弁にも似て、ウキウキした。

このティモンとプンバァは本家米国でも方言だという。劇団四季では江戸弁、関西弁、名古屋弁、北海道弁もあるとのこと。方言の生かし方は奥深い。

89・ぜんなとっどんてせこっじゃ／鹿児島のわらべうた

シュッシュッポッポッポッという汽車の走行音にのせた歌。旧国鉄職員の父が歌っていたなあ。「銭（給料）はもらうけど、難儀なことだ」の意味。

『あすっがー』（南日本新聞開発センター）の著者・福宿玲子さんから聞いた、この歌の手遊びをご一緒に。両手をグーにして机の前に座り、小指側を下にして左右交互に机をドンドン叩《たた》く。次に両方の人さし指を出しトントン。ドンドン、トントンを繰り返すと、はら「ぜんなとっどん　てせこっじゃ」と汽車の走る音がしてくっど！

新社会人の皆さん、出発進行。

90・開聞岳菜の花明り海明り／福田迪《みち》

「富士には、月見草がよく似合ふ」とは、太宰治の『富嶽百景』。それを模するなら「開聞岳には菜の花がよく似合う」だろうか。空の青、海の青、山の青、菜の花の黄、そして太陽。それぞれが、それぞれを反射し合い、光のファンタジーって感じだ。「花明り」「海明り」の言葉がぴったり。ああ、めはり（まばゆい）。引用は『かごしまの俳句』（春苑堂出版）より。

もうすっかり春。列車でゆるいと（ゆっくりと）でかけたい。ＪＲ最南端の西大山駅から見る開聞岳と菜の花は、よかよねえ。

91・桜島浮力を増して春の湾／緒方成子

桜島は不思議だ。日によって遠近感が異なる。雨上がりの朝など、山肌の一木一草に至るまでつかめそうな感じ。もしかして鹿児島湾にぷかぷか浮かんでいるけ？　引用の句もそんな思いから作ったのかなあ。形象合同句集『強靭Ⅲ』（ジャプラン）より。

もちろん、桜島は浮いていない。噴煙を見れば一目瞭然だ。地球のおなかとつながる活火山。２０１３年、桜島や鹿児島湾をふくむエリアは「桜島・錦江湾ジオパーク」に認定された。ジオ（地球）のことを学べる所。鹿児島っ子は、地球っ子！

92・「ふてなったね」祖母がいつでも言う言葉「よかにせ」なんてお世辞も添えて／細田寛文

4月は入学式の行われる月。待ちわびているご家族もおいでかと思う。人生の節目で特に感じる「ふてなったね」（大きくなったね）。その思いは成長しても変わらない。細田さんは、この短歌を30代で詠んだ。おばあさまには、いつでも「むぜ孫ん子」（かわいい孫）だし、「よかにせ」（かっこいい青年）は恋人みたいだったかも。

そのおばあさまは他界されたという。でも細田さんには「ふてなったね」と、今も聞こえているにちがない。引用は『老いて歌おう２００９』（鉱脈社）。

93・行っど！　借りっど！　調ぶっど！／鹿児島市立図書館の栞《しおり》

この栞は２００３年、鹿児島市立図書館で配布された。「行くよ　借りるよ　調べるよ」が方言になると、気合十分だ。

4月6日は、新聞を読む日だとか。図書館には、各社の新聞が置いてある。読み比べてみるのも楽しい。新年度も始まり、学校や職場で問題にぶつかることも多いだろう。そんな時は、身近な新聞に解決の糸口があるかもしれない。世界情勢から近所の話までつなげて読める。糸口が見えたら、次の情報を探しやすい。さあ図書館へ。行っど、借りっど、調ぶっど！

94・でも私、垂水の自然わっせ好きだよ／鹿児島フィッシュガール

垂水高校女子4人組「鹿児島フィッシュガール」のカンパチ解体ショーが熱い。東京や大阪の百貨店にも遠征する。東京での様子をネットで見てみた。カンパチ解体組2人と、解説組2人で構成。引用は垂水を紹介するための導入部分。標準語からチェンジする鹿児島弁が光る。魚や垂水への愛にあふれ「自然がとっても好き」と語る。垂水高校の先生に伺ったところ、アドリブで鹿児島弁も変わるらしい。華麗な包丁さばきと解説がピチピチ跳ね回り、キンゴキンゴ（キラキラ）の4人組だ。

95・薩摩人全体の力が、今日の大仏殿の堂々たる姿に残っていると思う／『薩摩　意外史・おもしろ史』（南日本出版）

故・阿久根星斗さんの歴史講演集より。天平時代創建の東大寺大仏殿は2度焼け、現在の姿は江戸時代のもの。その際、梁《はり》になる赤松が霧島から奈良へ運ばれた。十三間（23メートル余）、20トンを超す丸太2本を山から切り出した。船にどうやって乗せるか。その大役を果たしたのが志布志の回船問屋、山下弥五郎さあ。なんと満潮時に船を沈めて木を乗せ、潮が引き出したら船内の水をかきだしたそうな。

4月8日はお釈迦《しゃか》様の誕生日。大仏殿を作った薩摩人にも思いをはせたい。

96・味噌汁《みそしゅい》と飯《めっ》で有難《あいが》てこん命《いのっ》／花里花子

じゃんさいなあ（その通りですよね）。薩摩狂句誌『にがごい』（2017年5月号）より。

味噌汁は美容と健康に良いらしい。豆腐や野菜をテゲテゲ（適当に）入れても失敗しない優れものだし、最近は味噌玉も人気だ。2013年、和食はユネスコ無形文化遺産に登録された。きっかけをつくった料理人・村田吉弘さんは、子どもたちの洋食偏重に危機感を持ったという。一汁三菜は文化である。

和食と方言は似ていると思う。親が食べない（話さない）と伝わらない。

97・せんせいが　つめをきって　くいやった　きって　くいやった。／わかまつみよこ

「せんせい」という詩。『日本の子どもの詩　鹿児島』（岩崎書店）所収。続きは「たばんにえがしたど。／がっち（ちょうど）、／とうちゃんのごっじゃったど（ようだったよ）」。

当時小学1年生のみよこさんは先生が大好きなのね。安心して膝に乗ったのだろう。すると「たばんにえ」（たばこの匂い）にお父さんまで思い出した。

わが子が生まれたとき、あまりにも小さな爪とその伸びる勢いに驚いた。指まで切りそうで、爪切りはお父さんへ。愛情満タン、パチンパチンパチンパチン。

98・鹿児島では「××もとさん」と紹介された場合、「ゲンですか、ホンですか」と聞くのが普通になっています／『これが九州方言の底力！』（大修館書店）

名前にも方言があるみたい。生まれも育ちも大阪の夫は、鹿児島に来て坂元さんや松元さんの元に驚いたという。確かに鹿児島では本より元が多く、引用のようにホンかゲンかを聞く。なぜなのか？　過日、ＮＨＫ「日本人のおなまえっ！」で、その答えを知った。原口泉・志學館大学教授によると、薩摩藩では一揆を恐れ、本願寺と深い関わりのある一向宗を禁止。本願寺の本を避け元にし、関係ない意志を示したという。

その他、前薗さんの薗や迫田さんの迫も鹿児島でよく使う。

99・トオ～イ、トイ、トイ、トイ、トイ、トイ／『月ば撃つぞ！　落語家歌之介がゆく』（うなぎ書房）

錦江町出身の三遊亭圓歌師匠（本名・野間賢）の幼い日のワンシーン。賢くんがおもちゃがほしいと、やから（わがまま）を言っているのではない。「トイトイ」という、鶏を集める鹿児島弁である。集めながら餌をやる。同じく豚の餌やりも仕事だった。また小学1年生から乳酸菌飲料の配達もしたという。

圓歌師匠は苦労をされたようだが、鹿児島を恨むでもなく、高座に鹿児島弁まであげ、私たちを笑わせてくれる。歌之助師匠というなじんだ名前から2019年、圓歌を襲名された。ますます応援しもんそや。

100・道すがら車にあらで大臣《おとど》をば　乗する鹿児島　荷のう坊津／永雄和尚

安土桃山時代、左大臣を務めた近衛信輔《このえのぶすけ》（後の信尹《のぶただ》）卿は、秀吉の怒りにふれ薩摩国坊津に流された。出発の日、京都の建仁寺《けんにんじ》に立ち寄ると、友人の永雄和尚から引用の即詠歌が贈られた。「道々、牛車ではなく、信輔様をかごに乗せ、担がれ坊津まで行かれるのですね」の意味になるかな。鹿児島はかご、坊津は棒にかけている。あらいよー(あらあら)、みやびなおやじギャグ。信輔は坊津に文化の種をまき、2年後、京へ戻った。

引用は南史郎著『現代短歌・かごしま』(春苑堂出版)。

101・６００選／『英作基本文例６００』(啓隆社)

「６００選」はかごっま言葉かもね。鹿児島県高校教育研究会英語部会が編集する英作基本文例集。１９７１年から改訂し続け使われている。つまり親と子も、先生と生徒も同じテキストで学ぶのだ。なんちゅはならん(アメイジング)。唯一覚えているのが、「覆水盆に返らず」(It is no use crying over spilt milk)。

英語教育は大切だが、その影でもしも母国語や母国方言を見下すようなら、それこそ覆水盆に返らずだ。互いの言葉を尊ぶ心が国際化への第一歩では？

102・「たいの　さしみだ！　とれたてだ、たべんね」　きゅうしょくに　たいの　さしみ／『ながしまのまんげつ』（小学館）

落語家・林家彦いちさん原作の実話に基づいた絵本より。文・絵は加藤休ミさん。彦いちさんは、幼少期を長島町で過ごした。まだ黒之瀬戸大橋がない頃で、新聞は昼すぎに届き、初めて設置された信号に大騒ぎする。あとがきにこう記す。みんなが体験している「あるある」でなく「なしなし」です。

引用のように、鯛《たい》を「たべんね」と町の人が差し入れするのは、ほんと今では「なしなし」の話。でも給食の好き嫌いは今でも「あるある」。完食めざし食べまい（食べなきゃ）。

103・蹴《け》いながら小石とてのん帰《もど》い道《みっ》／永徳天真

薩摩郷句集『たっばけ』所収。

先日、小学生3人組が小石を蹴りながら帰宅していた。いつの世も、子どもと小石は一緒だ。「てのん」は、フランスの地名や人名にもあるぐらいおしゃれな響きだが、まぎれもなく鹿児島弁だ。「一緒に」の意味。一緒に学びたい、過ごしたい、発信したいと思うからか、この方言は人気が高い。てのんをローマ字表記したものも含め、自習室、多機能型事業所、サイトなどがある。

昔から伝わる方言を、みんなてのんで使うがねー。

104・学校からもどったら　おいげへ遊びこんけ／田代しゅうじ

薩摩川内市出身の田代さんの詩集『ともだちいっぱい』（四季の森社）所収「ふるさとの風」より。学校から家に帰り着いたら、ぼくの家へ遊びにおいでよ。

学生のみなさん、新しいクラスはどげん（どう）？　放課後も部活に塾に習い事にと忙しいと思うけど、時間のあるときは「ぼくんち、来る？」と誘ってみてね。そして、風の中へ飛び出そう。田代さんはこの詩の中で「ふるさとの風をはらいっぺすうていけ／ふるさとをはらいっぺくうていっきやん」とつづる。

ふるさとの風の音が、ゲーム機の音になりませんように。

105・實《じつ》に甚しき荒き語と優《やさ》しき語と混合《こんがふ》し又ゆかしき古言其中に存せり／『薩摩見聞記』（東陽堂支店）

1898（明治31）年発行の見聞記。作者は本富安四郎。まえがきに「余は明治二十二年初めて薩摩に遊び留まること数年其間見聞する」と記す。

安四郎さあの耳には、引用の「非常に激しく荒い言葉と優しい言葉が混ざり、また上品な古語がその中にある」と聞こえたようだ。記録の仕方も薩摩弁と標準語を並記し、たとえば「カ、ハン御膳ノタモンシ」は「母サン御膳下サイ」、「メイヤゲンソ」は「オ目ニ懸リマセウ」など。膨大な記録に脱帽する。では明朝、メイヤゲンソ。

106・若《わ》け時《とっ》の難儀《なんぎ》は買《こ》てでんせえ／鹿児島のことわざ

若い時の難儀は買ってでもしなさいの意味。新社会人の皆さん、難儀は必ず役に立つから。鹿児島弁には難儀を表す言葉が多い。集めて「なんぎやなあ」という詩にしてみた。「てせなあ　こえなあ　のさんなあ／きしかなあ　だるかなあ　しんどかなあ／なあなあ　なあなあ　ほろいとすいなあ」（『鹿児島ことばあそびうた』所収）

昔、親から「3日、30日、3カ月」のころ、仕事を辞めたくなると言われたっけ。難儀克服究極のおまじないは「お金にビンタさげ」（お給料に頭を下げる）。4月下旬にもらう初月給は、どんな気持ちじゃろかい？

107・「人生はみーんなづつ」といふ口癖の夫のなんこのづつはづれたり／谷口敏子

短歌雑誌『山茶花』（2007年2月号）所収。

「づつ」とは「同」が語源で同じという意味。「人生はみーんな同じ」が、ご主人の口癖だという。なかなか趣のある言葉だ。人は生まれたら必ず死ぬからみな同じって使われたのかしら？　づつ探しをしてみろかいねえ。隣の芝生は青く見えるけどわが家も同じ。雪と氷は違うけど元は水で同じ。よかにせの俳優さんと夫は男性で同じ…。

ところで、引用の下の句「夫のなんこのづつ」が外れたって何？　次回につづく。

108・西郷のいくさに似たるナンコかな、あれはタカモリこれはさかもり／島地黙雷《しまじもくらい》

ナンコとは、長さ10センチほどの棒を3本ずつ持った二人が向き合い、手の中に隠し持った本数を当てるゲーム。外れたら焼酎を飲む。ナンコ弁なる奇想天外な「あてことば」もある。幼いころの正月祝《しょがつで》で、祖父たちが1本を「天皇陛下」、2本を「げたんは」、3本を「犬の小便」、同数の時は「づっ」と言ってた。

引用歌は、明治末期に鹿児島を訪れた僧の一首。あまりの白熱戦に西南戦争のようだと。隆盛と酒盛り、よく考えつくなあ。川越政則著『南日本風土記』(鹿児島民芸館)より。

109・大したことも出来なかった知事の、これがせめてもの置土産じゃ。存分に利用してくれ／『流れてやまず』(渓水社)

明治期の宇品港《うじな》(現在の広島県広島港)は、県知事・千田貞暁《さだあき》により築かれた。しかし港不要論があがり、漁民の反対も起こった。そのうえ難工事で莫大《ばくだい》な費用がかかり、最後は知事の私財も投入して完成した。実はその千田さあは、薩摩藩出身なのである。4月23日は千田貞暁の命日である。銅像のある千田廟《びょう》公園では毎年式典も行われるという。引用は小久保均著より、千田さあの台詞《せりふ》。

港は町を発展させたが、戦争で焦土と化す。千田さあも空から「ずっと平和に利用してたもんせ」と願っているだろう。

110・かるかんや心真白に人を待つ／板坂良子

小・中学生をお持ちの親御さんは、そろそろ家庭訪問かな。あいちゃ（あっ）、そうじをせんなならんって？　そのうえ、かねては使わない茶托《たく》やら菓子皿も水屋（食器棚）から取り出し、ちっとばっかい高級なお菓子を盛り、花ずい飾ったり…。おやっとさあ。

引用は句集『かるかん』より。この句により、郷土菓子かるかんの気品がさらにアップした気がする。白無垢《むく》やウエディングドレスのように輝く。初めて会う人には、お互い「心真白に」接したいもんじゃねえ。

111・しらん　がいこく人を　いえにとめちぇ　大じょうぶじゃろか／『母が語るドラメルタン号物語』（花峰小学校家庭教育学級刊）

1894（明治27）年4月25日、イギリスの帆船ドラメルタン号が嵐で遭難し、種子島に漂着した。村人は「知らない外国人を家に泊めて大丈夫だろうか」と悩んだ。しかし、約2カ月間、乗組員29人を手厚くもてなした。「困っている人に日本人も外国人もなか」と。

そのお礼が、船で飼っていた鶏だったのである。イギリス人からもらったので「インギー鶏《どり》」という。現在まで絶やすことなく、種子島を代表する食材になった。どんな鶏か知りたい方は、南種子町の花峰小に行っちぇ、見ちぇ。

112・鹿児島で（中略）「隣のおっさんは美人だ」と言っても何らおかしくないのです／『通じない日本語』（平凡社新書）

この引用の面白さが分かる方は鹿児島弁通と言えよう。著者の窪薗晴夫さんは薩摩川内市出身で、国立国語研究所副所長。日本言語学会長もされた。

「おっさん」は「奥さん」の鹿児島弁だが、私は呼ばれたことがない。転居5回、ご近所さんからは植村さん、店員さんからはお客さまだった。これは鹿児島弁うんぬんでなく、「奥さま」という呼び名の微妙な問題なのだろう。独身の方や、奥という言葉に抵抗を持つ方など。私は「そこんの美人のおっさん」と呼ばれたら、いっき（すぐ）振り返りますよー。

113・桜島ハッと煙りを噴き出して今日は良いことあったのね／梅下芙美恵

歌集『水の記憶』（ジャプラン）所収。県外の人には「なんと不謹慎な」と思われそうだが、爆発慣れの県民には「桜島が喜んじょっ」という感情がある。

鹿児島市と姉妹都市を結ぶナポリの人は、どんな感情？　ベスビオ火山は1944年以来静かなので、今噴煙が上がったら「良いこと」どころじゃなか。昭和初期に鹿児島を訪れた与謝野鉄幹は「薩摩路《さつまぢ》の磯づたひする我が心ナポリに在りし日の如きかな」『鉄幹晶子全集23』（勉誠出版）と詠んだ。やっぱり似てるのね。ナポリまで良い日旅立ちしてみろごちゃ（みたい）。

114・今こそよびおこせ!! 薩摩いっだましいチェストー!!／かごしま春祭大ハンヤ

毎年4月の末、鹿児島市のウオーターフロントパークを主会場に、かごしま春祭大ハンヤが開催される。引用は2018年のテーマ。

「いっだましい」は魂を強めた言い方で、普通の薩摩魂ではなく、もっともっと薩摩魂って感じだ。「いっだましい」という総踊りもある。例年、県内外100を超える団体が参加し、華やかでキレのある踊りを見せてくいやいよ（くださるよ）。

会場はきらびやかな和装が行き交い、さながら映画村のようである。いっだましい入れた踊りをいっだましい入れて見らんなら（見ようかね）。

115・鹿児島言葉で　鉄瓶《かなぢょか》　茶瓶《ちゃぢょか》　いっぺこっぺ　歩《さ》るっもしたやすったい疲《だ》れもした　ヨサコイ　ヨサコイ／「鹿児島よさこい節」

牛留致義著『「かごしま語」の世界』（春苑堂出版）より、高知民謡「よさこい節」の替え歌。鹿児島弁尽くしの歌詞で、鉄瓶に急須、あちこち歩いたらすっかり疲れました…の意味になる。

同様の歌詞は「おはら節」にもある。橋口満著『残しておきたい鹿児島弁』（高城書房）に「鹿児島言葉で　かなぢょか　ちゃぢょか　いっぺこっぺ　さるもっして　オハラハー　すったいだれもした」とある。

どら、声を出してよさこい節とおはら節でこの歌詞を歌うことに挑戦じゃ。ちょっきー（ちょうど）合うかな？

116・（地方の言葉は）お互いの、肌にも、心にも、密接にひびき合う魔力をもっている／

『椋鳩十の本　第十八巻』（理論社）

故・椋鳩十さんは生まれも育ちも長野県。東京の大学を卒業後、中種子高等小学校、加治木高等女学校教師、県立図書館長、鹿児島女子短大教授として、鹿児島県で暮らした。加治木時代の教え子だった友人のお母さまに、椋先生のあだなを教えてもらった。それは「なあなあ先生」じゃったたっち。語尾に「なあ」を付けるから。では、椋先生になりきり、ゴホン。あんなあ、長野弁も種子島弁も鹿児島弁もなあ、お互いの肌にも心にもひびき合うんだなあ。まるで魔力のようだなあ。

117・そげんドングリがめずらしかのなら、秋になったらいっぱいあげる／

『鹿児島の童話』（リブリオ出版）

鬼塚りつ子さん作「ドングリをだいたウミガメ」より。「吹上浜砂の祭典」に向け、小学生が砂像作りをする物語。東京からの転校生りかは、大切にしていたものを落としてしまう。引用はその中身を知った同級生の台詞《せりふ》。中身の行方は内緒ね！

ドングリの種類は豊富だ。太古の人や生き物には貴重な食料だったろう。２０１８年の砂の祭典のテーマは、「ジュラシックファンタジー」。鹿児島弁で海亀は、カメドン（亀殿）、ガメロンとも言う。ドングリを食べそうな優しい恐竜みたい。

118・合併して霧島市ができたのを機に（略）全国へ、世界へブランドを推進していこうと「霧島茶」と命名されました。／『五感で学ぶ地域の魅力』（南方新社）

日本茶インストラクター・竹ノ内裕子さんの「五感でエンジョイ！　霧島茶」より。夏も近づく八十八夜となり、野山は新緑で美しい。新茶を飲んでリフレッシュせんなら。2019年、鹿児島県の茶産出額は静岡を抜き日本一へ。引用の霧島茶や知覧茶などブランドも多い。私の出身の鹿児島市の松元もお茶の里。18年にMBC開発が作ったカレンダー「櫻嶽《おうがく》三十六景」に「上谷口ノ茶畑」として描かれるほどである。桜島を背景にした茶畑は匂い立つようだ。県内各地の銘茶が、世界中の人の心を潤せられたらよかね。

119・おいどんたちゃ、／世界中のずるっの人が／ひとっこち、恐ろしかこっや、ひもじかこて遭わんごっ／平和に生きて行っ権利を確認しもんそ／『日本国憲法前文お国ことば訳わいわいニャンニャン版』（小学館）

訳者は、五十代女性　さつまおごじょさん、とある。5月3日は憲法記念日。前文の原文は「われらは、全世界の国民が、ひとしく恐怖と欠乏から免かれ、平和のうちに生存する権利を有することを確認する」。

引用をまねて9条に挑戦してみた。「あたいたちゃ　人間らしく正しくまっすぐ生きがなっ平和な世の中を　心ん底から求めっせえ　わがたっから戦争をしたい　武力でおどしてみたいせんじ　先の世ずい　武力で解決するちいう考えは　うっせもんそ」。

平和を考える一日にしたい。

120・五月空《さつっぞ》れ孟宗《もぞ》は弓《ゆん》ない大鯉《うご》ゆ釣《つ》っ／末原一声

薩摩郷句集『ゆるいばた』所収。ゆるいとは、いろりのこと。

澄んだ青空に大小たくさんの鯉《こい》が泳いでいる。地球くんが長い竹竿《たけざお》を垂らした途端、真鯉《まごい》や緋鯉《ひごい》が次々食いついてきた。あまりの大きさに弓のようにしなる竿。「おー、釣れたどー」。

息子の初節句の頃、近所の大きな鯉のぼりで遊んだことが忘れられない。ママ友が、鯉のおなかをくぐり抜けたら健やかに育つよって。広い庭に下ろした鯉の口から、息子はらくらく尾びれまで、私はかがんでくぐり抜けた。はあ、心も五月晴れ！

121・少子化《しょうしか》を　本音《ほんね》で心配《せわ》な　小児科医《こどんいしゃ》／鮫島信一

『笑ったもんせ　第二集』（高城書房）所収。鮫島さんは小児科がご専門のお医者さま。少子化の最前線を知る方の句は真に迫る。どうなる日本！

転居に伴い何人ものお医者さんにお世話になった。どこの小児科の先生も、優しく語りかけ穏やかな表情だった。くまのついた聴診器や、注射の後に貼るキャラクターシールやら、あの手この手で子どもを診る。私も日本列島に聴診器をあててみたい。「もしもし、子どもを産みやすかけ？　育てやすかけ？　5月5日の子どもの日、みんな元気け？」。

122・ジャスドを共通語ふうに言い換えて「デスヨネ」と言ってしまうと具合が悪い／『かごしま弁　南九州の言葉と風土』（南日本新聞社編　筑摩書房）

「ゴールデンウイークも終わりですね」「デスヨネ」――。この「デスヨネ」は、鹿児島弁なのだという。えーっ！　知らんかった。引用した本は1984(昭和59)年刊行。引用の続きには、鹿児島大学で英会話を教えていたイギリス人の話がある。上京して「デスヨネ」と言ったら、そんな日本語はないと注意されたんだって！　今じゃれば通じたのに。

「そうですよね」の「そう」を略す鹿児島的言い方「デスヨネ」は、今ではすっかり標準語の仲間入りを果たしている。

123・母も昔、カブで通ってたって言ってました／『ホンダマガジン　2018Winter号』（本田技研工業(株)）

種子島に引っ越してすぐ驚いた。道路で行き交う高校生のほとんどが、ホンダのミニバイク「スーパーカブ」に乗っていたのだ。なしかー（なぜ）？

引用は種子島中央高校生の言葉である。地元の方の話では、昔はカブ使用が校則だった。今でもカブが人気とのこと。島特有の強風に強く、長距離通学の燃費も良く、卒業後は弟妹や祖父母へのおさがり？　にもなるとか。

カブは思っているはず。若者よ、都会に疲れたら帰っておいでよ。また一緒に、この道を走らんばや（走ろうぜ）と。

124・江戸時代までは、トビウオは「悪魔の魚」と言われ、誰も食べなかった。／『屋久島・種子島　島・ひと・昔語り』（かごしま地域文化創造事業）

屋久島在住の作家・古居智子さんの随筆より。あよー（あらー）、誰も食べない悪魔の魚だったとは…。

童謡「ツッピンとびうお」は天使のようなトビウオの歌だ。ツッピンは海水面を飛び跳ねる擬態語だろう。屋久島・種子島ではトビウオをトッピーと言う。似た響き。ツッピンをトッピーに入れ替えて歌おうかな。

屋久島の永田地区では運動会などで「トビウオ招き歌」を継承中。「ア　ベッタイ　ベッタイ」と歌う。ベッタイ（たくさん）の歌でアッポー（遊ぼう）。

125・ウイノベッタ／鹿児島の方言

赤ちゃんに関する方言には驚くべき言葉があり、面白い。

赤ちゃんの肌はすべすべだが、しばらくすると頭皮に丸いブツブツが出てくる。新米ママは慌てるが、おせんし（年配者）は「ウイノベッタじゃ」と言う。乳児脂漏性湿疹のこと。形状が、牛のおしりにべったり着いた糞《ふん》に似てるんだって。やがて湿疹も治り、赤ちゃんはおむつはずしのけいこに入る。「おしっこ出るかな。シー、トイトイトイ、シー、トイトイトイー」。

今日は尾籠《びろう》な玉手箱で、ニガワレ（苦笑い）してたもんせ。

126・みなみのくにの　さつまのくにの／井戸があって　みかんの木のある／一軒家／『まど・みちお全詩集』（理論社）

2014年に104歳で亡くなった、まど・みちおさんの「はるかな歌―わが妻の生れし日のうた」より。ミカンの花の匂いは懐かしい気持ちにさせる。5月の頃、ご夫婦で鹿児島を思い出されていたかしら。

以前テレビで、100歳を迎えたまどさんの特集番組があった。鹿児島出身の奥さまが、入院中のまどさんとの別れ際に「ミカンなんか、果物持ってこんでいい？」と問うた。結婚して70年以上、まどさんには奥さまと鹿児島アクセントも寄り添っていた。何だかうれしい。

127・せんにゃならんときは、しがないもんじゃ／『鹿児島に伝わるくらしの知恵』（鹿児島県老人クラブ連合会）

1985（昭和60）年刊行の本には古老の知恵が詰まっている。「今残さんと消滅する」との思いで収集されたのだろう。

引用は、当時75歳の古川富美さんが、娘さんたちに与えた言葉として掲載。必要にせまられたときは、何事もできるものだ、の意。親は子の心配をする生き物で、無事育つか、友だちはできるか、入学、卒業、就職、結婚、出産…と、きりがない。古川さんは、そんな心配をいともあっさり一言で無くす。私も唱えよう。せんにゃならんときは、しがないもんじゃ。

128・あんまとゥじゅう／気ぬ毒《どぅく》かんげしょんな／あんまとゥじゅう／米《くぅむィ》こてィ／豆《まむ》こてィ／みしょらしゅっとぉ／

『かごしま文化の表情　わらべ歌・民謡編』（鹿児島県）

いとしい人との別れを悲しむ奄美大島の島唄「行《い》きゅんにゃ加那《かな》節」より。引用の意味は「お母さんお父さん、気の毒に考えなさんな。米を買って豆を買って、食べさせてあげますよ」。歌われた背景には、子どもの奉公など、昔の苦しい生活があったのかなあ。高齢化社会の今、別な情景を想像してしまう。病気で入院、施設に入所、突然の他界。そう思い歌っても目頭が熱くなる。どこにいてもただ一人の母と父。子どもたちの愛をみしょーれ（召し上がれ）。5月には母の日が、6月には父の日がある。

129・利通の　覚悟ぞ　国家後（のち）見しと／須佐美新《あらた》

引用句を濁点無しにすると「としみちのかくこそこくかのちみしと」になる。下から読むと、なんちこっじゃろかい（なんということでしょう）。同じではありませんか。このような文を回文という。回文狂句集『ラストダンス』（文化印刷出版）所収。同著には、幕末をけん引した薩長をもじった面白い回文もある。「真っ先は　近代談義　萩　薩摩」（まっさきはきんたいたんきはきさつま）。

1978（明治11）年5月14日は、大久保利通が暗殺された日。あの世で西郷隆盛と、今の日本政治を談義中かもよ。はしっとせんか、って！

130・（島々の方言は）ヨーロッパ諸語のrや、ドイツ語風のchロシア語のыのような発音までもふくんでいる／『名瀬だより』（農山漁村文化協会）

故・島尾敏雄さんの随筆より。横浜で生まれ、神戸、長崎、福岡で暮らし、奄美市名瀬の県立奄美図書館長もされた島尾さんには、各地の言葉がアルファベット変換されていたのかもしれない。奄美の地域名ショカズ（諸数）はシュファーティ、タケ（竹）はデへと聞こえたそうな。なるほど、ヨーロッパの発音のようだ。

島尾さんは、加計呂麻島（瀬戸内町）で海軍特攻隊の出撃待機中に終戦を迎えた。その後、日本を島々の連なりと捉えたヤポネシアを提唱した。言葉も琉球からアイヌまで数珠のように連なっている。世界中の言語もまた、連なっているのだろう。

131・「かみさま山《やま》よ、よみがえったもんせ」「いのちの山《やま》よ、よみがえったもんせ」／『魚をよぶ森』（佼成出版社）

甑島（薩摩川内市）在住の斉藤きみ子さんの作。絵は津田櫓冬さん。薄緑色の装丁が小さな森のよう。引用は、魚の来なくなった浜を守るため「よみがえってください」と、山に木を植えるげんじいさんの台詞《せりふ》である。

20年前、この絵本を手にし、タイトルにメルヘンを感じた。神聖な森から呼ばれた魚が川をのぼるの？　実は順路が逆。げんなか（恥ずかしい）。環境問題の本で、いわゆる「魚《うお》付き林」の話であった。森から流れた栄養分は海を潤し、魚や鳥を呼ぶ。みんなつながっているのだ。

132・棟上げは雨降る中に行なわる島津雨とう良き言葉そえ／町田和子

棟上げの日に雨が降るなんて、じょじょなこっ（たいへんなこと）。でも鹿児島県民の心は折れない。「島津雨」という良い言葉が添えられるから。引用は歌集『祥雲』より。

島津家初代・忠久は、源頼朝と丹後局《たんごのつぼね》の子とされる。お局さまが追放され逃げる途中、大阪の住吉大社の境内で産気づく。どしゃ降りの暗い夜、途方にくれていると、明かりがひとつ、またひとつ…。狐火《きつねび》だ。こうして忠久を無事出産した。島津の氏神は稲荷大明神で、大切な日の雨は「島津雨」といわれる。

133・新しい家が次の代まで末《すえ》長く繁栄するようにシロクを撒《ま》きます／『郡山の民話と伝説』（郡山町ふるさとを学ぶ会民話部会）

お米は変身のスターである。ご飯、お餅、お菓子、お酒にもなる。昔はお給料でもあった。引用は上棟式の話。いわゆる餅《もっ》まっ（餅まき）である。シロクは白米を粉にして団子に固めたものらしい。シトッとも言い次代米と書く、とある。

各地で棟上げを体験したが、甘い団子のような餅に驚いたことがあった。形は違っても繁栄の願いは同じ。拾った餅は焼いて食べない。火事になるといけないから。言い伝えは目に見えない世界だ。そこには言霊《ことだま》が宿る。方言もそっと寄り添う。

134・桜島、海、南国の景色がドラマを盛り上げる背景として大きな役割を果たす。そこに薩摩人の堅固なこと比類ない志がある／肝付兼太

2012年放送のNHKラジオ第1「ここはふるさと旅するラジオ」より。声優の肝付さん(16年他界)が鹿児島市喜入を訪れ、薩摩の風土を語った。

肝付さんは「ドラえもん」のスネ夫役で有名だが、私には「キャンディ・キャンディ」のステア役が印象深い。発明好きで堅固な志を持ち戦死する英国人をアフレコされた。喜入出身と知り、ドーバー海峡が鹿児島湾に見えてきた。

肝付さんは3歳で東京へ。お父さまは薩摩言葉で叱責《しっせき》したという。厳格な響きが、薩摩人の志を感じさせたのだろう。

135・いっしょき　きばいもんそ！──西郷どん　「サザエさん」殿／「ンダモシタン」(南日本新聞)

アニメ「サザエさん」のオープニングの舞台が鹿児島県になった2018年4月1日付より。「武岡のくるみちゃん」作で、一緒に頑張りましょうの意。

南日本新聞ひろば欄の「ンダモシタン」は毎回楽しい。西郷どんからサザエさん宛て、という設定がおもしとか(おもしろい)。春編には霧島など観光地や黒酢黒豚、ホタル舟も登場。7月からの夏編では、仙巌園や雄川の滝、島唄、白くま(かき氷)なども紹介された。

日曜の夕方、翌日からの仕事に気が重くなるのを「サザエさん症候群」という。月曜日、どーんといっしょき、きばいもんそ。

136・錯綜《さくそう》する人の手と大声の燕語に煽《あお》られて、狐が私に化けた筈の私が少し酔って来た／『第一阿房列車』（福武書店）

乗り鉄である内田百閒《ひゃっけん》さんはまだ戦後の1951（昭和26）年、鹿児島駅に降りた。引用は城山の宿で、山にすむ狐《きつね》を感じつつ宴会をしたときの様子である。燕語《えんご》とは打ち解け語ること。燕《つばめ》は同じ巣に戻るので懐かしさを感じるからだろう。また、チベットの部族の言葉も燕語とか。鹿児島弁に外国語を感じる心も含めたのかなあ。

阿房《あほう》列車との出合いは89（平成元）年発行の『かごしま文学案内』（春苑堂書店）。執筆担当だった。昭和、平成、令和と続く中、戦後を記す紀行文は百閒さんで最後にしないといけない。ゆるいと乗り鉄良か世に乾杯。

137・内気《いめ》な親わさわさ語《かた》い嫁《よ》め疲《だ》れっ／永徳天真

『さつま狂句一〇〇年』所収。わさわさ語い、とは気兼ねなく語る様子。おしゃべりなお嫁さんにお疲れの内気な親かしら。

子育て中、近所のお爺《じい》ちゃんがわさわさ語る方で、よくしてもらった。野菜をもらったり、庭で遊んだり。ある日、息子に「イメジンじゃ」と言われた。「えっ、イマジン?」。耳元でジョン・レノンの「イマジン」が鳴る。そうか、将来を想像できる男になれよという励ましか。いやいや、「内気な子」の鹿児島弁だと後で知った。今もイマジンを聞くたび思い出す。

138・『川《せん》』というのはね、河川のせん、『内《だい》』というのは境内のだい」「それで、せんだい」／映画「釣りバカ日誌9」（松竹）脚本：山田洋次、朝間義隆

映画の舞台は薩摩川内市。東北の仙台との勘違いがキーワードで、引用のスーさん（三国連太郎さん）とハマちゃん（西田敏行さん）の言葉が光った。撮影場所は新田《にった》神社で、マドンナの風吹ジュンさんが322段ある階段を上ってくる。

新田神社は御祭神ニニギノミコトの墳墓・可愛《えの》山陵に隣接する。近くの川内北中では校歌で「新田の杜《もり》の緑濃き」、川内高校では「山陵《みささぎ》の楠《くす》の香《か》匂ふ」と歌われる。楠の緑と匂いは、長い階段の思い出と共に、川内っ子の心の内を流れている。

139・おだめが違うた／『黒潮からの伝承』（南日本新聞開発センター）

故・北山易美《やすみ》さんの随筆より。釣りの最中、食いつきが悪くなった場合に使う。おだめとは三味線の音締め（調律）。釣りと音を結びつけるのは、三味線が身近にあった証拠だろう。

江戸時代、漂流先のロシアで世界最初の露日辞典を作った薩摩隼人がいた。ゴンザである。10代の少年は故郷を思い出し、弦楽器「バラライカ」を「シャムシェン（三味線）」と訳した。日ロ外交には微調整が必要。何度でもおだめを合わせてほしい。ゴンザどんもそう思ちょいやっが（思っておいでのはず）。

140・ないが、間違うかい。（中略）魂やそこばっかいで、邪魔なこちゃひとっも考えんでな／『荒武タミ女　ゴッタン一代記』（南日本新聞開発センター）

霧島市福山出身の故・荒武タミさんは盲目のゴッタン奏者だった。ゴッタンとは板張りの三味線。引用は1977（昭和52）年、東京の国立劇場で演奏後の言葉だ。「どうして間違うものですか。魂を集中させ、邪魔なことは一切考えませんから」。

目の不自由な方の集中力は、ひとっも雑念が入らないのだろう。世界的ピアニスト辻井伸行さんもしかり。勝手ながらタミさんと辻井さんのセッションを想像する。爪弾《つまび》きの音と民謡に合わせる野太いピアノ。うーん、鋼《はがね》色って感じ！

141・出だしのメロディーが、地元の方が「西郷どん」と言うときの尻上がりのイントネーションに似ているそうで／富貴晴美

「NHK大河ドラマ・ガイド西郷どん　前編」（NHK出版）より。富貴さんは音楽担当。引用の後に、テーマ曲を指揮した鹿児島市出身の下野竜也さんの言葉が続く。「僕は心の中で『せーごどんっ♪』とつぶやきながら指揮していたよ」。じゃんさいなあ（そうですよね）。

2018年3月14日、広島交響楽団の演奏会が鹿児島市民文化ホールであった。指揮は下野さんでピアノは辻井伸行さん。アンコールは辻井さんによる「西郷どん」の掛け声で始まった。正確な鹿児島アクセントに会場は拍手が沸き起こった。尻上がりは気分も上がるがよー。

142・けすいぼで、よかふいわらまいをして回《まわ》っちょったちゅが／『かごしま文化の表情　方言編』（鹿児島県）

1905（明治38）年の5月27日、日本海海戦は始まった。秋山真之の打電「本日天気晴朗ナレドモ浪高シ」は有名だ。言うまでもなく、連合艦隊司令長官は鹿児島出身の東郷平八郎元帥である。

引用は薩摩川内市東郷の古老が語る幼いころの東郷元帥で、「いたずら坊主で、よくいたずらをして回っていたそうですよ」の意。いたずらっ子？　ほいなら（それなら）、肉じゃがは元帥が英国で食べたビーフシチューをまねて作らせたという説を、笑っておいでかも。伝説も戦争譚《たん》も、語りの中だけで存在するのがいい。

143・全長700メートルしかない国道がある／『鹿児島あるある』（TOブックス）

宮崎県出身の清水照美さんの著作より。「桜島フェリーが24時間運航だというと他県人は驚く」なんてのもある。引用の答えは鹿児島市の国道58号。城山町の西郷隆盛像を背に鹿児島湾に向かうと、左手の宝山ホール前に小松帯刀の像、県産業会館前の泉公園に五代友厚の像が立つ、わずか700メートルの道である。通称朝日通り。西郷さんも小松さんも五代さんも、海の彼方まで見ちょいやったはず（見ていらっしゃったはず）。

この国道の行方は海をまたぎもんで（またぐので）、次回へ。

144・汽船も亦《また》道路なり／「十島村中之島の航路開設記念碑」

国道58号は鹿児島市から海を越え、種子島、奄美大島、沖縄へ880キロを縦断する。引用は、十島村の中之島に1933（昭和8）年建立された航路開設記念碑より。十島航路の村営船は2018年4月から新造船になった。鹿児島から十島7島を巡り、奄美大島の名瀬へ向かう。発着時刻表を見ると、各島の停泊はわずか10分。その間に人や物資を出し入れする。まさに神対応。福音館書店の絵本『ふねがきた！』はこの航路がモデルで、港の様子を普段の風景として描く。島へは航路も道路じゃんそ。

145・トントロ虫のことを、「きゅらむん（美人《びじん》）」と言うようになった／『宇検の民話』（宇検村教育委員会）

「あじぎゃなし」より。あじぎゃなしは漢字を当てると「按司様《あじ》」。有力者を指すが、この物語では人を超えた怖い存在である。按司に助けてもらった母親が娘を嫁がせる約束をし、3人娘の末娘が承諾する。不幸になったと思いきや、幸せに暮らす姿を見た姉はねたむ。妹を殺し、入れ替わるのだ。最後は妹がよみがえり、姉はトントロ虫になり、めでたしめでたし。トントロ虫は小さいヤスデ。姉がかわいそうだから「きゅらむん」と呼ぶのに驚く。島んちゅの優しさ、ここに極まれり。

146・際《きは》ことにかしこくて、ただ人《うど》にはいとあたらしけれど／

『日本古典文学全集源氏物語　一』（小学館）

引用は「桐壺」から。後ろ立てのない光君を帝《みかど》が臣下にする場面で「格段に賢くて、臣下にするのは非常に惜しいけれども」の意味。「あたらし」には「新《あたら》し」と、「惜《を》し」の類義語「惜《あたら》し」があり、時代とともに「惜しい」「もったいない」の使い方は消えていく。しかし、鹿児島弁には残っている。

ケニア出身の環境保護活動家ワンガリ・マータイさんにより、日本の「もったいない」精神は世界へ広まった。方言にもつなげられないか。今捨てるのは、あったらしか。

147・吾《われ》は官軍　我が敵は天地容《い》れざる朝敵《ちょうてき》ぞ　敵の大将たる者は　古今無双《ここんむそう》の英雄で／「抜刀隊の歌」

抜刀隊は西南戦争鎮圧のため結成された。「敵の大将」は西郷隆盛をさす。外山正一《とやままさかず》さん作詞、仏人シャルル・ルルーさん作曲。冒頭の曲調はわらべうた「一かけ二かけ」「一番はじめは」（ともに同じ節）の出だしに似ている。シャルルさんが借用したとも、借用されたとも。この曲を基にした行進曲は現在も自衛隊や警察で流れる。日本の歌に影響を与えたのは確かみたい。『日本の唱歌　下』（講談社文庫）所収。

一方、スウェーデン出身のメタルバンド「サバトン」も西南戦争を歌う。音楽に国境は無か。

148・ゲタの〝カッツ、カッツ〟という音を聞いているうちに、藤吉にメロディーが浮かんできました。「こいじゃ（これだ）！」／『歌之介のさつまのボッケもん』（高城書房）

何が「こいじゃ」かというと「軍艦マーチ」。作曲家の瀬戸口藤吉さんは、長女が生まれた日、早く会いたい気持ちとゲタの音でひらめく。音楽家は何でも五線譜に変換するのだろうか？

引用の書籍は鹿児島テレビ（KTS）編著。

小学校時代、軍艦マーチをみんなで演奏した。大阪出身の夫は「学校で？ ありえへん」と。鹿児島ではモーツアルトの「トルコ行進曲」みたいで、戦争や娯楽施設の応援じゃなかよ。

毎年6月には、藤吉翁ゆかりの垂水市で行進曲コンクールが開催される。音楽合戦にブラボー。

149・地《ち》の神《かみ》に 豊作願《ほうさくねが》い せっぺとべ／『かごしまふるさとカルタ』（南方新社）

例年6月第1日曜日、日置市日吉でお田植え祭「せっぺとべ」（精いっぱい跳べ）がある。田んぼで男衆が円陣を組み跳ぶ。田を耕し害虫を踏みつぶし豊作を願う。まさに引用通り。地の神様も「つかえはなかど」（支障なし）かな。

狂言師・野村萬斎さんの「三番叟《さんばそう》」をテレビで見たことがある。「揉《もみ》ノ段」で力強く足を踏み高く跳び、「鈴ノ段」で種オロシや種マキの所作があった。そして踊りは国境をジャンプし、ボレロの曲に合わせて踊る狂言や日本舞踊もある。舞台芸術も根っこはせっぺとべと同じ。

150・おまんさぁーも、純貞《すみさだ》さぁの墓ケ、早《は》よ、拝《おが》んけ行《い》たっみゃんせ／『歯《は》の神んさぁ』（口腔保健協会）

歯の神様こと平田純貞を描いた絵本。歯科医師・市来英雄さんの作。絵は松元祐子さん。「あなたも純貞様のお墓に早く拝みに行ってごらんなさい」の意。

歯と口の健康週間初日の6月4日は、鹿児島市の松原神社で歯の感謝祭が行われる。島津貴久公ご祭神の松原神社には、家臣平田純貞のお墓もある。純貞は主君の死に心を痛め、生きたまま棺おけに入り海に沈む。読経の声とギリギリという歯を食いしばる音が響き渡ったという。丈夫な歯を持つ純貞は、歯の神んさあになったたっち（とさ）。

151・松田《まつだ》ん千代《ちよ》袈裟《げさ》　松田《まつだ》ん坂　超えたか／『かごしま言葉の泉』（高城書房）

ホトトギスが鳴くと夏を感じる。引用は橋口滿著より、旧大隅町のホトトギスの聞きなしである。松田は地域名、千代袈裟は女性の名。「てっぺんかけたか」や「特許許可局」も有名だ。万葉集の歌「信濃《しなぬ》なる須我《すが》の荒野《あらの》にほととぎす鳴く声聞けば時過ぎにけり」の結句「トキスギニケリ」も鳴き声。同じく「暁《あかとき》に名《な》告《の》り鳴くなるほととぎすいやめづらしく思《おも》ほゆるかも」では、鳥が自分の名前をホトトギスと告げているって！

みなさんには、なんち聞こゆっけ（何と聞こえますか）？

152・修業のため諸国を巡歴していた西行法師が、鹿児島までやってきました／『薩摩・大隅の民話』（未来社）

西行法師が鹿児島に来たって？　ほんのこっじゃろかい（本当でしょうか）。んにゃ、全国に逸話がある「西行戻し」だ。子どもの言葉に感服し、恥ずかしくなり、来た道を引き返す。引用は「西行坂」より。西行は日置市吹上で、麦を「冬草の夏立枯《なつたちかれ》」と言う子どもに出会い、そのみやびな表現に驚く。西行が腰掛けた石は西行石と言うそうな。この石近くの花田小学校の校歌には「西行法師もその昔　行脚の杖をとどめたる」とある。身近に西行を感じられるなんて、うらやましか。

153・野の鳥の　ついば残し　やぶいちご／椋鳩十

姶良市文化会館の小ホールの緞帳《どんちょう》には、引用句と椋先生の俳画が書かれている。緞帳は夢と現実をしきる扉。姶良市加治木で暮らした作家の作品が、夢の世界へいざなう。

ところで、俳句は五七五で作る約束だから、この句は字足らずじゃらせんけ？「ついば残し」は「ついばみ残し」では？「み」を忘れやったたろかい？　そいがそいがホラ話。「実《み》」は鳥が食べたそうな。まこて夢への扉にぴったり。自宅の床の間にホラ貝を飾るほどの椋先生、ユーモアの神《か》ん様《さあ》みたい。

154・流《なが》れ星《ぼ》す　すくけ行たよな　法螺《ぎらゆ》を言っ／『倉元天鶴　薩摩狂句集（1）』

「流れ星をすくいに行ったようなホラを言う」の意。どんなホラ、屁理屈か。「ぎら」の響きがギンギラギンに聞こえる。

『ふるさと星事典』（南日本新聞開発センター）に、流れ星の光っている長さを測る方法があった。「だるまさんがころんだ」の10文字を10秒で10回言えるように練習し、流れ星を見つけたら唱え始める。もし「だるまさ」で流れたら、光っていた時間は4文字分の約0・4秒となる。唱えてみる？　流し（梅雨）の晴れ間には雨のように流れ星が見えるんだって。これはホラ。

155・自然とのつながりの経験こそが、心の中にある、帰るべき場所／井上雄彦

バスケットボール漫画「スラムダンク」を描いた井上雄彦さんは高校まで、伊佐市大口で過ごした。引用から大口の山紫水明が浮かぶ。鹿児島県教育委員会発行『続　郷土の先人　不屈の心～中学生用～』より。

２０１８年、霧島連山えびの高原・硫黄山の噴火で、井上さんの故郷の一部で川が白濁し、水稲を中止せざるを得なくなった。自然の中で生きる厳しさを知る井上さんは自分のためだけに生きない。「スラムダンク奨学金」を設立し若い選手を支援している。薩摩隼人のダンクシュートじゃ！

156・文化の中心が京坂地方であった当時、理想を上方におきつつ当面の目標を九州一般の風にとして、言語容貌の矯正を命じた／『島津重豪』（吉川弘文館）

故・芳即正《かんばしのりまさ》さんの著作より。島津斉彬の曽祖父《そうそふ》にあたる重豪《しげひで》は「言語甚《はなは》だ宜《よろ》しからず、容貌も見苦敷候《みぐるしくそうろう》」として「よその人から批判されないよう心がけよ」と矯正を命じたが、うまくいかなかったらしい。

重豪は西洋の文化や学問が好きで、藩校「造士館」もつくった。でも鹿児島弁はお嫌いだったのかなあ。民衆の言葉は命令で変わるものではなかよね。隠密《おんみつ》に悟られないように、殿様が難しい鹿児島弁にしたという説は、つがんね（ありえない）話じゃ。

157・梅雨時期を「流し」とよぶ方言の巧きを知りて飲み干すジョッキ／西村辰志

梅雨の雨は、流れるように長く降り続く。流しと呼ぶ方言は、なるほどうまい表現じゃ。おっ、うまいと言えばビール。ジョッキごと流し込むような勢いでクーッ、もう1杯！　歌集『祥雲』所収。

酒類が苦手な私にはうらやましい1首。そんな下戸と子どもたちにお勧めは梅シロップだ。梅1キロに氷砂糖1キロ、酢を150㏄ぐらい入れて3週間ほど寝かすだけ。水や炭酸水で割ったらクーッ、もう1杯！　子どもと一緒に作れて飲めるのがうれしい。クエン酸が疲労を回復し、親子げんかも流せるかも。

158・梅雨《ながし》や　雨七日《なんか》日七日《なんか》風七日《なんか》／鹿児島のことわざ

梅雨入りから梅雨明けまで、雨が7日、晴天が7日、風の日が7日の割合と言われる。しかし最近の雨は激しい。降れば記録的豪雨ともなり、降らなければ全く降らない。ねえ地球どん、人間の行き過ぎた営みのせいじゃろかい？

雨にぬれるアジサイが地球に見えてきた。アジサイの花びらに見えるのはガクで、実際の花は奥の方にある。私たちもそんな花みたい。水の惑星で、青い海や空に守られている。みんな知恵を出し合い生きらんなら。環境問題は待ったなしだ。

159・勝て!!／大迫勇也

２０１8年に開催されたサッカーの世界大会は、大迫選手の半端ない活躍で盛り上がった。引用は大迫選手が２０１６年5月29日、母校の鹿児島城西高校を訪れた際、後輩へ贈った色紙の言葉。偉大な先輩に、後輩は誇らしかろう。大迫選手の活躍は県民、いや日本国民の喜びじゃね。オーレ！（スペイン語で「すてき」の意味）。

「勝て」は、鹿児島弁では「て」を強く言う。サッカーの応援で耳にする「オーレ」を生かした歌にピッタリ。さあこれからもまだまだ応援すっど。「勝ーて勝て勝て勝てー」。

160・山形屋をベルグと呼んでいた七高夏／『藤後左右全句集』（ジャプラン）

七高は鹿児島大学の前身である。鹿児島市の黎明館にある「七高久遠の像」のように、故・藤後左右さんも高下駄《げた》にマント姿で天文館を闊歩《かっぽ》していたのかな。しかも、山形屋をベルグと呼んでいたなんて。独語Ｂｅｒｇは山。山形屋の山にかけた？　学友同士「どら、ベルグへ行こかい。銭はなかどん見いばっかい」と言ったかも。今、喫茶ベルグや天文館ベルク広場に名は残る。山形屋は、山形の行商人が島津重豪《しげひで》公の文化政策を聞きつけ、鹿児島に店を構えたという。１７５１（宝暦元）年の創業なんだって！

161・メスで体が大きく、黄色の線がはっきりしたものを捕ること。オスは小さくて、戦いには向かんとじゃ／『鹿児島の童話』（リブリオ出版）

石崎逸子さん作「くも合戦《がっせん》」より、コガネグモの捕り方を教える場面。毎年6月の第3日曜日に姶良市加治木で、くも合戦大会がある。文禄・慶長の役に参戦した島津義弘公が、兵士鼓舞のために始めた。

『ハリー・ポッター』のロン少年は大のクモ嫌いだが、もし加治木小に転校したら卒倒するかも。くも合戦まで、廊下でコガネグモを放し飼いにするのだから。5年生が保存会の方と大会1週間前に捕り、強いクモにするため世話をする。本番の大会、校内のくも合戦の後、捕った場所へ戻す。日本ではクモは守り神じゃ。

162・「うぜらしか。」ごめんなさい…。（略）私と父の間にできた、分厚い壁、今こそ壊すべきじゃないか。／『こころの言の葉　第14集』

鹿児島市教育委員会発行の中学生の言葉「分厚い壁」より。「うぜらしか」（うるさい）と言われた作者は「小さい頃はこんな関係じゃなかったのにな。どうしてかな。もっと、別の話をしたいな」と綴《つづ》る。だいじょっじゃ（大丈夫よ）。「うぜらしか」と言うお父さんだって、おじいちゃんから「うぜらしか」って言われていたはずだから。

6月の第3日曜日は父の日。思いっきり「ありがとう、大好き」って言ってみる？　お父さん、びっくりして「うぜらしか」と、げんなかがる（恥ずかしがる）かも。

163・どうしたの？　何《なに》があったの？　何《なん》でボクが　行《い》かんといけんの？　何《なん》で？　何《なん》で？　何《なん》で？／『時の響きて』（鳥取市用瀬町人権文化事務所）

「行かんといけん」場所は鹿屋市の国立ハンセン病療養所・星塚敬愛園だった。絵本（福安かずこ作）の主人公イサオは父親の「行かんでいい」という言葉を最後まで待った。モデルは星塚敬愛園で暮らした元患者の竪山勲さん。6月下旬にはハンセン病問題を正しく理解する週間がある。

私がハンセン病を知ったのは小さい頃に見た映画「ベン・ハー」が最初。アニメ「もののけ姫」にも登場し、映画「あん」にも心を打たれた。まだまだ偏見はある。引用の「何で？」をみんなの声にせんなならん。

164・歩《さろ》っかてこいが精一杯《せっぺ》ん蝸牛《つんぐらめ》／上山天洲

僕はカタツムリ、歩くのにこれが精いっぱいさ。薩摩郷句集『ゆるいばた』より。ナガシバナ（アジサイ）、ツングラメ（カタツムリ）、ドンコビッ（カエル）は6月を彩る組み合わせだ。引用句は、アーノルド・ローベル作「お手紙」を彷彿《ほうふつ》させる。2匹のカエルとカタツムリの話。手紙を届けるカエルのさろき（歩き）は4日かかり、まさに「こいがせっぺ」だが、カエルたちは最高の時間を持つ。

心が疲れたら、ツングラメでん眺めながら、少しゆっくいした時間を持ちもそや。

165・一勢に指揮は誰《だい》じゃろ蛙《びっ》の歌／湯田青秋

薩摩郷句集『たっばけ』所収。錦江町にいた時、縁側先に田園が広がっていた。全休符のあと一斉に音楽が始まり、また静まる。何十匹ものカエルの〝歌声〟がそろうので、「指揮は誰じゃろ」と私も思ったものだ。

アマオケの弦楽奏者から聞いた話。3連符の繰り返しはマグロとカウントし、4連符はカゴシマ、5連符はカゴシマシ、6連符はカゴシマケンとか。おもしてか。アマの裏技だけど、カエルにも聞いてみたかなあ。もしかして「カエル」とか「ドンコビッ」とかカウントしてる？

166・蚊の鳴くような声で、「飴をわけったもはんか（わけてくださいませんか）」といって、お金をだしたと／『庄屋どんと御池の龍』（鉱脈社）

鳥集忠男さんの昔話集より「鹿児島ん飴屋《あめや》」。全国にある子育て幽霊の話だ。京都では「子育飴」も実際に売っている。

梅雨のある夕方、白い着物を着た青白い顔の女性が、音もなく飴屋に入ってきた。その後引用文。その女性は毎晩通い続け飴を買った。7日目、店の主人が後をつけると、お墓の中から赤ん坊の泣き声が…。死んでもわが子を守った女性は手厚く供養され、殿様が赤子に「土盛《つちもり》大助《だいすけ》」と名を下さったたち。

ほめっ（暑苦しい）晩には、怖か話を聞かせったもはんか。

167・生まれ在所の　同志こそよかよ　かける言葉も　しおらしこ　コッチコイ／種子島の子守歌「コッチコイ」

「しおらしこ」とは優しくて丁寧なこと。子育て中は、しおらし言葉をかけようと思うのに、怒ることが多い。でも一日の終わりに日本の子守歌を歌うとあら不思議。切なく美しい旋律は涙を誘い、ダレ（疲れ）がやむ。「涙活《るいかつ》」じゃね。唱えるだけの「ねんこねんこねん」や「やんこやんこやん」から歌詞付き歌まで、鹿児島県は子守歌が豊富だ。親から子へ伝えもそ。

この歌、県外では「おっかんよ」の題で知られ、全音楽譜出版社の歌唱集のタイトルにもなっている。全国的に有名じゃよ。

168・大久保の清廉潔白な政治姿勢を良く表している言葉です／『めざせ!!鹿児島知っちょいどんPart2』（高城書房）

JR鹿児島線の城山トンネル（鹿児島市）の東側口には「敬天愛人」の文字が刻まれている。では、西側口にある文字は何か。答えは「為政清明《いせいせいめい》」。大久保利通公の座右の銘で、政治を行う人は清く明らかであれ、という意味。知っちょいどん（博学者）の西正智さんの著書より。「敬天愛人」は知っちょったどん、反対側にも四字熟語があったとは。いっちゃん（少しも）知らんかった。ということで新照院町に見に行くと、あった。トンネルを抜けると清く明るい故郷であれ。

169・はやひとの薩摩琵琶守り蝉丸忌／安田閑々思《かんかんし》

句集『惜春』より。安田さんは俳人で薩摩琵琶弾奏家でもあった。本名は幸吉。1978（昭和53）年、鹿児島県文化祭で弾奏中に倒れ、他界された。引用句は、蝉丸忌《せみまるき》（陰暦5月24日）の一句。蝉丸は小倉百人一首にも入る平安期の歌人でお坊さん。琵琶の名手であった。安田さんは、薩摩琵琶を弾き続けて参ります、と句に込めた。あの世で蝉丸さんから「弾奏中にこちらへおじゃるとは、いとをかし」なんて言われてたりして。今も二人で弾き比べをしちょいやっ（されている）かもね。

170・よか色《いろ》じゃ孫《まご》ん頬《ふ》のよな桃《もも》ん皮《かわ》／仮屋園好青年

店先によか色の桃が並びだした。ピンクは花やぐ。果物の王様はドリアン、女王様はマンゴスチンらしいが、私には王も女王も桃。おいしいし、桃太郎が生まれるぐらい神秘的だから。引用句も、桃の皮のみずみずしさと柔らかさに、お孫さんの頬を連想させている。すぐに食べるのをためらわれたのでは？　薩摩狂句誌『にがごい』（２０１７年8月号）より。

昔、幼い娘が「ピンクい桃」と言った。赤い、白い、ピンクい。なるほど…。ピンクいほっぺは桃みたい。

171・「ばい」とよばれ「べ」とよばれ　一つ一つひきずり出され酢につけられ
口の中に放りこまれる／『井上岩夫著作集1』（石風社）

詩「外は氷雨」より。

鹿児島の郷土料理の一つであるバイ貝は、つまようじで引用のようにひきずり出し食べる。この貝を鹿児島では「べ」と呼び、昔「べ回し」という遊びがあった。バイの螺層《ら》を少し欠いで、螺心を軸にしてコマにしていた。平安時代に京都で発祥したという、バイ貝を回して遊ぶべーゴマのことだ。

バイゴマがべーゴマへ。それが進化しておもちゃのベイブレードへ。こまんか(小さな)子たち、コマは口へ放りこまんごとね！

172・「そいをとってくいやい」「これのこと?」「うんにゃ　そい（それ）やなくて
そい（しょう油）や」／「薩摩剣士隼人」

南日本新聞連載中の4コマ漫画より（2015年2月17日付）。テレビで見る薩摩剣士隼人も、渋い声の鹿児島弁で人気が高い。

引用は「そい」違いの話。鹿児島弁では、しょう油、指示する「それ」、物を勧めたりするときの「それ」（どうぞ）は、全て「そい」。だから「そこん・そいを・そいっちもろたどん・そいじゃね」（そこのしょう油をどうぞともらったけどそれじゃない）というあそびうたも作れる。「そい」なんて田舎くさいという方は、しょう油を英語で言ってみる? ソイソース。

173・貴方《あなた》と私は同じ郷里なんですよ。鹿児島が恋ひしいとお思ひになりませんか。
霧島山が桜島が、城山《しろやま》が／『林芙美子　放浪記』（みすず書房）

東京・上野の西郷銅像を見てつぶやいた「十二月×日」の日記より。6月28日は芙美子忌。放浪記を読んでいなくても、桜島にある文学碑「花のいのちはみじかくて苦しきことのみ多かりき」の言葉はご存じだと思う。行商人の家庭で、幼い頃より転居を繰り返し、苦学しながら小説を書く。放浪記はベストセラーとなった。引用の続きには「貴方《あなた》も私も寒さうだ。貴方も私も貧乏だ」とつぶやく。

西郷像には、見る人が語いかくごなっ（語りかけたくなる）力があるのかもしれない。

174・水鏡《みつかがん》満月も泥田い身を晒《さ》れっ《つっ》／有馬凡骨

田植え前や稲を植えたばかりの田んぼは、昼は青い空が映り、夜は星がきらめく。引用句のように鏡みたい。私は月。6月の田んぼは水鏡なの。丸い顔もよかふうに見ゆっ。それに田んぼの中をゆらゆら動くと、この体が洗い流されて、キンゴキンゴ（ピカピカ）になる気分じゃがよ。と、月の声が聞こえてきそうな一句だ。薩摩郷句集『ゆるいばた』所収。

昔は水鏡で自分を確認したのだろう。今はスマホも鏡代わりになる。いつの時代も変わらず月は夜の世界を照らしている。

175・今どきん子も、ないかにザワザワっち、しちょったろかい？／映画「奇跡」（ギャガ）

鹿児島が舞台の是枝裕和監督作品（2011年公開）より、主人公の祖父のせりふ。「今どきの子も何かにザワザワしているのだろうか」の意。和菓子店を引退していた祖父が、久しぶりに厨房《ちゅうぼう》に立ちザワザワと胸がたぎった（熱くなった）。祖父役の橋爪功さんをはじめ、樹木希林さん、阿部寛さん、長澤まさみさんの鹿児島弁も熱かった。少年たちもザワザワの心で「奇跡」の瞬間を迎える。

2018年、是枝監督の「万引き家族」は、カンヌ映画祭で最高賞に輝いた。監督は常にザワザワのたぎる思いでいっぱいかも。

かごっま言葉玉手箱

7〜9月

176・ヴァーチャル方言がリアルを変える／『方言萌え!?』（岩波ジュニア新書）

田中ゆかりさんの著書より。題名の「方言萌《も》え」は方言がカワイイという感性のこと。「ヴァーチャル方言」とは、田中さんの定義で、ドラマや創作物で用いられる方言をさす。

引用文を今の鹿児島県にあてはめると、方言を話さなくなった老若男女が、鹿児島を舞台にしたテレビドラマや明治維新150周年に関するさまざまな事業や商品に展開される鹿児島弁に触れ、「鹿児島弁はよかなあ。かわいかなあ。やっぱい、使ってみろかい」となるってこと。

この玉手箱も、そうありたい。

177・オランダジーンが　こっちを　なんとん　かんげじ　ゆっさしけ　きたや／『チェスト！とことん薩摩の歴史館』（創年のパレット社）

竹下健一著より薩英戦争後のはやり歌。引用の続きは「あをやまどんの　うでっぽで／チンガラッ木っ端みじん」。

旧暦で文久3（1863）年の7月2日、薩英戦争が起こった。当時の薩摩人にとって、外国人はオランダ人だったようだ。歌の意味は「オランダ人が、こちらを何とも考えず、戦《ゆっさ》しに来たら、青山砲隊の大きな鉄砲で、めちゃくちゃ木っ端みじん」。チンガラッになった方の薩摩はその翌々年、英国へ留学生を送り、交流が始まる。学びは「うでっぽう」より強か。

178・あげな星は、いままで見たことがなか。（中略）きっと、西郷どんのたましいにちがいなか。西郷どんの星じゃ／『鹿児島県の民話』（偕成社）

故・榎薗高雄さんの再話「生きていた西郷《さいごう》どん」より。

源義経がチンギスハンになった話があるように、西郷隆盛の逸話も多い。ロシアに逃げたとか、引用のように星となったとか。赤い星の中に陸軍大将の軍服を着た西郷どんが見えたと、うわさされた。英雄はすごかね。

２０１８年はその火星が大接近する年に当たった。宇宙も西郷どんブームだったみたい。鹿児島市立科学館では「西郷星スーパーマーズな夜」というプラネタリウム番組も上映していた。真っ赤な火星は、なんだか鹿児島の星のごちゃ（星みたい）。

179・亦《また》時を經《へ》てこの熔岩《ようがん》の上に樹木でも繁茂するやうな時になつたらば、（中略）今迄《まで》より一層の美観を呈するかも知れない／黒田清輝

鹿児島市生まれの黒田清輝画伯は、１９１４（大正３）年の桜島大噴火のとき、ちょうど帰省中だった。桜島から「私の噴火を描いてたもんせ」と言われた感じだ。６点の連作油彩小品として噴火の様子を描いた。引用は画伯の著述集（中央公論美術出版）より。あれから１００年余り。画伯の言う通り、熔岩の上に樹木が茂り、風景は美しさを増したごちゃ。

６～８月は、あちこちで夏祭りが開かれる。桜島が見える所に腰掛け、浴衣にうちわとしゃれこもかい。画伯の代表作「湖畔」のように。

180・手捕つたるハブを阿吽の一しごき／『篠原鳳作全句文集』（沖積舎）

鹿児島を代表する俳人・篠原鳳作さんは1936（昭和11）年、30歳の若さで亡くなった。引用句は、名句「しんしんと肺碧きまで海の旅」を生む旅をし、沖縄の宮古中学校へ赴任した時のもの。「ハブトヤー」と称するハブ捕り一家がいるそうな。「阿吽《あうん》の一しごき」って、裁縫の運針中に縫い目をしごくように、ハブをしごく？　想像すると寝いがならん（眠れない）。

奄美にもハブはいる。昔、龍郷村で庭を這《は》うハブを見た人が大島紬の図案にひらめいたそうだ。続きは次回へしごきもんで。

181・逢うてうれしやおさの中　切れてたもるな縦の糸／『かごしま文化の表情　わらべうた・民謡編』（鹿児島県）

「機織歌《はたおりうた》」より。幼い頃、隣家には大島紬の機があった。縦糸の中をくぐり抜ける杼《ひ》のキューンという音がして、バタンと鳴る。その繰り返しを子守歌のように聞いた。きっと隣のおばちゃんも「糸が逢《あ》えてうれしいね。切れないでね」と声をかけつつ、長時間の緻密な作業をしておられたのだろう。

大島紬の龍郷柄は、月夜の庭でソテツへ這《は》う金ハブの背模様と、葉や実にヒントを得たとか。怖いハブも逢うてうれしや月の夜。ヨーハレィ（掛け声）と島唄を歌いだしたかも。

182・果てしなき吹上砂丘サクサクと拉致の舞台となりし浜ここ／町田良夫

吹上浜には海水浴やキス釣りに行った。砂を踏みしめるサクサクは期待に満ちる音。ところが40年前、その軽やかな音が嘆きへと変わった。北朝鮮による拉致だ。引用歌のサクサクにも、やるせない思いが伝わる。歌集『田原坂』（霧島市文化協会溝辺支部）より。日朝会談を前に、拉致被害者、市川修一さんのお兄さま・健一さんが語る鹿児島弁に涙が出る。決して感情的にならず、内なる思いを述べられる。7月7日の七夕には、皆で願いたい。「どうか全員に、早よ会わせてたもんせ」。

183・ホールには（中略）「ブラボー」ではなく「よかどー」の声が掛かりました。／白鳥見なみ

南日本新聞に連載された「永遠の一瞬」（2018年5月27日付）より。引用のホールは東京厚生年金会館大ホール。1969（昭和44）年に文化庁芸術祭で創作バレエ「ヤマトタケル」を踊り終え、大きな拍手と一緒に聞こえてきた鹿児島出身者の声だ。なるほど二つの掛け声は似た響き。疲れも飛んで、心もグランジュテ（空中で開脚）だったかな。

優雅に見えるバレリーナもショネ（根性）がなければ、飛んだい、回ったいしがならんじゃろう。各バレエ教室の発表会が続く夏、練習の成果に「よかどー」。

184・遊びどは南洲誕生地・甲突川・学ぶすくなき少年にして／東郷久義

故・東郷久義さんは1948(昭和23)年に短歌誌『南船』を創刊、鹿児島の歌壇振興に尽力した。引用は『東郷久義全歌集』(短歌新聞社)より。少年時代を「勉強はせんじ、甲突川で遊んでばっかいじゃった」と詠む。時間が止まったような一首「つばくろが縦横にとびせきれいが直線にとぶこの川の時間」は少年時代の遊びが源かしら。遊びどの「ど」は「土」だが、私には鹿児島弁の道具「どっ」にも聞こえる。今の子どもたちにも、遊び場所と遊び道具が一緒のような空間を持たせたい。

185・列島の南端に生れし久義の写実カライモ短歌の七十周年／東郷良子

短歌誌『南船』創刊70周年記念号(2017年9月)所収。東郷良子さんは歌人の故・東郷久義さんの奥さまであり、お弟子さんでもあった。引用のカライモ(薩摩芋)が魅力的。田舎を指すと同時に謙遜の気持ちにもなるが、栄養は満点である。「日本列島の南の端っこに生まれた久義先生は素朴なカライモのように、ありのままを写し歌に詠む姿勢を貫きました。私はそれを引き継ぎ、南船も実りの70周年を迎えましたよ」。栄養のぎゅっと詰まった味もよかカライモ短歌じゃんそ。

186・氷製作に御座《ござ》候様《そうろうよう》御閑静共《とも》ならハ御歩行被成間敷哉《なされまじきや》／『大久保利通関係文書三』（吉川弘文館）

慶応年間（１８６５～68年）に書かれた、薩摩藩の小松帯刀《たてわき》から大久保利通への手紙より。二人とも京都在住。手紙が残っていることに驚き、手紙に方言は関係なく全国共通だったんだと実感する。鹿児島弁にすると「氷を製作しちょいもす。暇があいやれば出て来やはんか」。なんと氷を作るって！　桐野作人さんの『さつま人国誌幕末・明治編』（南日本新聞社）によると、アンモニア蒸発式の小型製氷機で輸入品だったみたい。

帯刀どんは「早めに」と追伸まで書く。スマホ時代の今なら白熊スタンプをつける勢いだ。

187・小松は私の知っている日本人の中で一番魅力のある人物／『一外交官の見た明治維新』（岩波文庫）

英国人アーネスト・サトウの回想録より。小松とは薩摩藩家老の小松帯刀《たてわき》である。「政治的な才能があり、態度が人にすぐれ、それに友情が厚く、そんな点で人々に傑出していた」と続く。これほど絶賛される政治家は、小松さあだけじゃらせんどかい（じゃないでしょうか）。

サトウは生麦事件や薩英戦争の際、英国側の渦中にいた。日本滞在は計25年に及び、「薩道愛之助」とも名乗った。えっ、薩摩の薩に道？　サトウはスラブ系の姓だが、薩道さんだなんて何だかうれしかね。

188・燈籠《つろ》を　かこみ　燈籠を　ひらき　わがうち連れる家族／邊陬（牧神詩社）

曽於市出身の詩人、故・高木秀吉さんの詩集は「へんすう」と読み、片田舎を表す。兄の死により東京から帰郷し、旧末吉町の文化の発展に貢献された。引用は「六月燈小詩篇」より。県内各地や宮崎県の一部でも行われる六月灯は、旧暦6月の夏祭りである。神社やお寺に奉納される燈籠は幻想的だ。この詩にも、武者絵やスイカの絵や一間燈籠が出てくる。一間は約1・8メートル。大きかねえ。

鹿児島弁で燈籠を「つろ」「つる」とも言う。あっ、天文館のいづろ通りは「石燈籠《いづろ》」なんだ。

189・「こん腹の立つ。こん愛人が」「こいは愛人じゃなか！天を敬い人を愛す」／「六月燈の三姉妹」（©パディハウス）

鹿児島市出身、西田聖志郎さん企画の映画（2014年公開）より、元夫婦役の市毛良枝さんと西田さんの会話。西郷隆盛の言葉「敬天愛人」は横書きの書が多く、私は幼い頃、左から「じんあいてんけい」と読んだ。市毛さんも正しく読まない。夫の浮気に「愛人」を恨むのだ。この後、西田さんが「西郷どん、すんもはん」と謝る。

映画では六月灯を通じ、絡んだ人間関係がほぐれていく。燈籠の灯は人を優しくさせる。どら、ほのぼのした灯を求め、近所のロッガッドーに参ろかい。

190・我《われ》は海の子白波《しらなみ》の　さわぐいそべの松原《まつばら》に、煙たなびくとまやこそ　我《わ》がなつかしき住家《すみか》なれ／唱歌「われは海の子」

7月第3月曜日は海の日。鹿児島の海の歌と言えば「われは海の子」だ。鹿児島市加治屋町出身の宮原晃一郎作詞と言われ、祇園之洲公園には歌碑もある。宮原さんは10歳で北海道へ転居。南国の海や住居を懐かしんだだろう。

この唱歌は7番まであり「いで軍艦《ぐんかん》に乗組《のりく》みて／我は護《まも》らん海の国」で終わる。戦前の唱歌の持つ運命のような内容。あの「蛍の光」の4番にも「千島《ちしま》のおくも、沖縄も、／八洲《やしま》のうちの、守りなり」とある。『日本の唱歌　上』（講談社文庫）所収。

海を戦意抑揚に使う時代は、地球規模で終わりにしたかね。

191・去年はあのばかすったれが、遠泳のまえの日にはしゃいで熱をだしてしまって／『チェスト！　がんばれ、薩摩隼人』（ポプラ社）

登坂恵里香原作、横山充男著より、主人公隼人の父親のせりふ。錦江湾横断遠泳大会を軸に、泳げない隼人の成長譚《たん》である。映画にもなった。「ばかすったれ」とは、ばかで役に立たない感じ。悪態語の最上級かな。

毎年、鹿児島市の清水小学校や松原小学校では、7月下旬に遠泳大会を開く。4、5、6年生の検定に合格した児童が、桜島から磯海水浴場までの4・2キロに挑戦する。時には「ばかすったれ」と言いたくなるわが子を磯で迎える親たちは、その勇姿にナンダ（涙）が止まらない。

192・1827年、楽聖ベートーベンがウィーンで56歳の生涯を閉じた。翌28年、そこから遠く離れた鹿児島城下の加治屋町で西郷さんが生まれた／
南日本新聞「南点」

ジェスク音楽文化振興会専務理事の堤正浩さんの文化面コラム（2015年5月1日付）より。堤さんは霧島国際音楽祭の縁の下の力持ちである。引用のように西洋と東洋を並べるのはおもしろか。〝ベトどん〟と西郷どんが、てのんで（一緒に）歩いて来る感じがする。ベートーベンって大昔の人じゃなかったんだ。西郷どんは「運命」より「田園」が好きじゃろそな…。
毎年7～8月にかけて、霧島国際音楽祭が開かれる。2019年は40回を迎えた。これからも、日本史と西洋音楽史もコラボしながら、みんなてのんで行っもそや。

193・セカラシ、コン、ダッキョヅラ！／「ミスター・シンデレラ」（オペラ）

鹿児島が舞台のオペラ（高木達台本、伊藤康英作曲）で、初演は2001年。以後再演され続ける。奇想天外な胸キュンのおはなし。引用は主人公の母親と奥さんが、父親へあびせる言葉だ。「うるさい、この、ラッキョウ面《づら》（厚かましい）」の意。
オペラは、16世紀末にイタリアで始まり、イタリア語尊重の時代から各国の言語へ、今や方言まで登場。引用のオペラは東京公演でも、鹿児島弁の場面はそのままとか。方言には、ダッキョヅラも、にこさっ（にっこり）となる魔力がある。

194・花丸い学校《がっこ》が楽し一年坊《いっねんぼ》／森山厚香

1学期、1年坊は花丸をもらって楽しかったね。花丸って日本独自らしかよ。終業式には、ドキドキしながら初めての通知表を開くことだろう。戦前は甲乙丙《こうおっへい》。今の◎○△って感じかな。椋鳩十さんは小・中学校を通じて、作文は「丙」だったとか。へえー、ぶんとへ（全然ダメ）？じゃっどん大作家へ。ああ、人間はすばらしか。引用は、薩摩郷句集『ゆるいばた』より。

通知表は、おじいちゃん、おばあちゃんも楽しみにしてるはず。見せに行ったら、「よか子じゃ、花丸をくるっで」と、お小遣いをもらえたりして。

195・ソイヤ　ソイヤ／おぎおんさぁの掛け声

7月は、鹿児島市の伝統行事「おぎおんさぁ」の宵祭と本祭を2日間楽しめる。ソイヤ、ソイヤと天文館へ行っど！

京都を彷彿《ほうふつ》させる御所車や十二戴女《かんめ》の行列もいいが、私のイチ押しは「稚児上げ」だ。10基の御輿《みこし》それぞれの頭《かしら》が稚児をだっこし、「ソイヤ　ソイヤ」と持ち上げ健康を祈願する。稚児はたいがい泣く。そいが、むぜもむぜ（かわいいもかわいい）。清めの塩をお口にちょい。顔を神様に向けおしまい。大きくないやんせ。お子さんを連れて行かれたら、誰でもしてもろがないよ（もらえるよ）。

196・イヲツイも、子供らにとって楽しい遊びであった／『オモシロかごいまべん』（南洲出版）

イヲツイとは魚釣り。１９２９（昭和４）年生まれの作者・安田耕作さんには、魚の読みはイヲなのだろう。ローマ字で書くと「ｉｗｏ」で、口をすぼめる発音。古語では、をかし（興味深い）、をんな（女）、いを（魚）などさまざま。口も楽な発音になまけてしもたろかい？

夏休みに鹿児島市の水族館・いおワールドに行く人も多いかな。彩り豊かな展示の中、「沈黙の海」は奇抜だ。時折あぶくが上がるのみ。魚がいなくなれば人も住めない。「どげんしたらよかけ？」のメッセージである。

197・このごろ　わっぜぇぬきで　びんたもからだも　いけんかなったぁちごど　かいっち思かたじゃ／牛鼻真紀子

だからよ（そうそう）。わっぜえ（とっても）ぬき（暑い）で、びんた（頭）も体もいけんか（どうか）なるのじゃなかろうかと私も思い、ぼえなっちょ（ぼんやりなっている）。近年、７月も８月も連日大暑のよう。引用は『現代若者方言詩集』（大修館書店）所収「かごんまの夏」より。牛鼻さんは当時、鹿児島大学の学生だった。今も、かごんまの夏を過ごしているかしら。この全国各地の方言で語る学生詩集はさわやかで、「白熊」を食べた感じ（分かるかなあ）。心から合点できるのが、方言のよさだ。

198・ねずんの歯と生えくらんご　すずめん歯と生えくらんご／鹿児島のわらべうた

乳歯が抜けた時の永久歯へのおまじない。「生えくらんご」は「生えくらべ」。上の歯が抜けたら床下に引用のねずん（ネズミ）の歌を、下の歯が抜けたら屋根にスズメの歌を唱え投げる。地方でいろいろ。門歯という伸び続ける歯を持つネズミとの競争に勝ち目はないが、スズメは歯がない。「絶対勝つもんねー」かな？　絶妙なバランスだ。住宅事情もあるので、唱えながら投げるまねをしてみては？

最近は西洋に倣い、抜けた歯を枕の下に置くと、朝コインになっているとか。んだもしたん。

199・ちかくに　くっきり　みえるのが、よろんじま。とおくに　あるのが、おきなわ／『ふねにのっていきたいね』（ポプラ社）

長崎夏海さんの作品。沖永良部島に住む小学1年生が、海辺で引用のように島を確認する。その後、父親の同窓会が沖縄であり一緒に行く。初めての旅。

2016年、与論島に行き、沖縄がすぐそこに見えるのに驚いた。昔の人も船を自由に操り往来していたのだろう。言葉も似ている。沖縄の美しいは「ちゅらさん」。沖永良部は「きらさん」、与論は「ちゅらさい」。

東京生まれの長崎さんは、きらさんの海に惹《ひ》かれ、沖永良部島へ移住された。夏休みに南の島へ、船に乗って行きたいね。

200・帰りなん、いざ、二才《にせ》ども定めて我を待ちかぬらん／

『「大石兵六夢物語」のすべて』（南方新社）

鹿児島銘菓「兵六餅」の箱に描かれている大石兵六の姿は印象的だ。着物の裾をたくし上げ、小さいまげで長い刀を持つ。江戸時代の毛利正直作の物語。鹿児島の吉野で悪さをするキツネを退治する話で、次々化けるキツネに兵六はだまされるが、最後は見破りやっつける。「さあ帰ろう。仲間の二才たちがきっと我輩《わがはい》の帰りを待ちかねているだろう」と言いながら。引用は伊牟田經久さんの注釈本より。

二才とは若者。キツネを退治した兵六は、よかにせじゃね。しかし、実は夢じゃったと。

201・あたまつきは所《ところ》ならはしにして、後《うしろ》さがりに髪先《かみさき》みじかく、長脇差《ながわきざし》もすぐれて目立つなれども、国風俗《くにふうぞく》、これをも人のゆるしける／

『新編　日本古典文学全集　井原西鶴集①』（小学館）

「好色五人女　巻五」より。「髷《まげ》が小さく長脇差が目立つ」のは「さつまの国かごしまの者」の源五兵衛。前回紹介した大石兵六みたい。長い刀姿が「国風俗」といわれるほど有名だったとは。江戸時代、源五兵衛と薩摩のおまんをうたった流行唄《はやりうた》があったそうな。西鶴はそれをもとに創作した。テレビやネットもないのに伝わるなんて！　源五兵衛の男色《なんしょく》から始まり、おまんとの結婚で分限者（財産家）になり、金を使い切れないと悩む。あばてんね（途方もない）話。

202・火の神のマグマの島と水の神錦江湾に花火とどろく／柳田正子

毎年、7月の最終土曜日には、桜島で火の島祭りが開催される。また8月1～31日、桜島フェリーの納涼観光船も就航。毎日花火が上がり、海に映る。引用のように、火の神も水の神も、見ちょいやっ（見ていらっしゃる）はず。どうぞ、花火の錦《にしき》を、心のままに受け取いやったもんせ。短歌雑誌『にしき江』（２０１７年11月号）所収。

錦江湾は、幕末の薩英戦争では砲弾が飛び、太平洋戦争前は真珠湾攻撃の練習場になった。湾にとどろくのは弾薬ではなく、永遠に花火であってほしい。

203・サイゴウ、サクラジマ、ショウチュウ。これをもって「鹿児島の３Ｓ」と呼んでおります／『大切にしたいサツマの魅力』（トライ社）

日本人は3が好き。割り切れず縁が切れないとか、「満つ」で縁起がいいとか。鹿児島を表すのにも3があったなんて。引用は日高旺さんの著作より。

サ行は、さらさら響きが良い。日高さんはサに「薩摩、西郷、桜島」などを、シには「島津氏、ショウチュウ、城山」などをあげ、引用の３Ｓへ。なるほど、サ行文化圏ここにあり。

ついでに鹿児島弁の３Ｓなら「さしかぶい、すんくじら、そしこんこっ」（久しぶり、隅っこ、それだけのこと）かな。「マイ３Ｓ」を考えてたもんせ。

204・けけけとは鹿児島言葉蜆汁／永田春峰

鹿児島弁で貝は「け」、買うも「け」、来るも「け」。「貝を買ってきて」が「けをけっけ」、さらに「けけけ」へ縮まる。引用は俳句誌『湾』の句集『春月』所収。

新鮮な貝はお湯の中でパカッと開く。「ほらほら、見て」と中身を見せてくれちょったろかいねえ。「けけけ」が、小刻みに笑う「くくっ」や、大声で笑う「呵々大笑《かかたいしょう》」の「かか」にも聞こえる。蜆《しじみ》は肝臓によい働きをする。お酒を飲んだら、笑い上戸も泣き上戸も「けけけ」と笑いながら、蜆汁をごくん。

205・あいさつのついでに正座していると、勇吉ちゃんは「いたぐらしやんせ」といわれた／『鹿児島の文化遺産』（丸山学芸図書）

「いたぐら」とは「あぐら」。奄美民俗研究者である著者の故・榮喜久元さんが下宿先を訪れた際のエピソード。「楽になさい」という勇吉さんの優しさが伝わる。正座の鹿児島弁はキンキンやキントスワイなど。

近年、日本人の生活は椅子と机になり、トイレも洋式が主流だ。そのためか正座やあぐらをかけない人が増えている。チョッカゴン（和式トイレに座るように両足をそろえてかがむ）のできない幼児も多いと聞く。方言も人の体も、意識して使わないと固まっていくのかもしれない。

206・火の島の見ゆるが上座夏座敷／宮田蕪春

火の島とはもちろん桜島。見ゆるは見えるの古語だが、鹿児島弁にも「見ゆっ」として残る。開け放し風通しをよくした夏座敷から桜島がよく見える。ここが上座、という感じかな。桜島ビューじゃ！　引用は『月の噴煙』（東京美術）所収。

聞くところによると、桜島の見える宅地は高いとか。私たちの桜島愛は、経済をも動かすったろかい？　でも見えるってことは、灰もまっぽし（真正面）来るはず。それでもわが家の座敷へリビングへ、桜島を招き入れたい欲求、噴煙のごとし。

207・夏《なち》や晩ぐゎんそ。月《つっ》が出ちょっとなんだ何《なん》ち言《ゆ》わならん。（中略）雨なんどが降っとも良《よ》すぐゎんさいなあ／『残しておきたい鹿児島弁4』（高城書房）

「枕草子」の第一段、夏編「夏は、夜。月のころは、さらなり。（中略）雨など降るも、をかし」の鹿児島弁訳。引用書の著者・橋口滿さんは、春夏秋冬すべて訳しておられる。「晩ごわんそ」ではなく「晩ぐゎんそ」の表記は、より深い鹿児島弁だ。そう言えば、明治生まれの亡き祖父母は老人会を「ろうじんくゎい」と発音していたっけ。昔の鹿児島人も平安時代の人も、発音の幅が広い。

ところで、「夏は夜がすてき」と言う清少納言さん、平安時代に熱帯夜は無かったの？

208・薩摩川内市下甑島の鹿島地域には、姫浦層群《ひめのうらそうぐん》とよばれる（中略）地層が分布しています／『桜島・錦江湾ジオパーク副読本』（桜島・錦江湾ジオパーク推進協議会）

姫浦層群は白亜紀後期の地層で、甑島から熊本県天草地方に分布するという。7、8千万年前って、あよあよ（あらあら）想像もでき申さん。甑島では恐竜の化石がたくさん見つかっている。2018年は上甑島で、国内で最も新しい時代の草食恐竜の化石（大腿骨《だいたい》の一部）が発見された。映画ではなく本当に歩いてたんだ。薩摩川内市鹿島支所では本物の化石と出合える。甑島の方言で、ヒキガエルは「ガルガルドンキュー」。トカゲは「トッカンギー」というそうな。恐竜の名前みたい。

209・びーんびーん　びんた料理　にわといびんたで　寝坊せん？　かつおんびんたで　びんたがきるっ／『鹿児島ことばあそびうた2』（石風社）

「びんた」とは叩《たた》くではなく、鬢《びん》のあたりから「頭」を表す。引用は自著より詩「びんた」。カツオのびんた料理はドコサヘキサエン酸（DHA）で、びんたがきるっ（頭が冴《さ》える）。鶏を解体したとき、寝坊助に「早起きするよう頭を食べさせるぞ」と冗談で言った。とさかを食べる方、足のスジを速くなるよう食べる方もおられる。鶏の命まるごと、ごちそうさま。姶良・伊佐地区教員の初任者研修で、鶏を解体したと聞く。命の貴さがびんたん中に刻み込まれたことじゃろね。

210・「ベースボール」をはじめて「野球」と訳し（中略）わが国野球の発展につくした／『〝野球〟の名付け親・中馬庚伝』（ベースボール・マガジン社）

鹿児島市生まれの故・中馬庚《ちゅうまんかなえ》さあのおかげで「野球」という言葉が生まれた。庭球、蹴球、排球などの和名は、テニス、サッカー、バレーと言うのが一般的だ。でも野球はベースボールとは言わないですよね。引用は城井《きい》睦夫著より。中馬さあは1970年に野球殿堂入りされた。高校野球といえばの夏の甲子園だ。鹿児島県代表球児の皆さん、100年以上前に生まれた「野球」の言葉もかみしめてね。野原を飛ぶような球を打ったい、投げたいしっせえ、きばいやんせよ！

211・「こっからみると、さくらじまが、まっこち、きれいかなあ」／『たけのはし　甲突川五石橋』（南方新社）

2018年の西日本豪雨に1993年の8・6水害を思い出した方も多かったと思う。天災か人災か…。大自然の前には祈るしかない。あの日、武之橋は流され、もう4半世紀たつ。引用の絵本の作者は小林孝子さん。絵は弟で現代美術作家の藤浩志さん。幼い姉妹が橋を渡る途中、老人（石橋を作った岩永三五郎さあ？）が手招きした後のせりふ。

五連アーチの武之橋は川に降りて見てもきれいだった。アーチの中に桜島がおさまり、まるで石の窓。流された石たちは今、海の中で魚の家になっちょっどかい。

212・この町では、ひと月おくれの八月七日に、七夕まつりがあります。（略）生まれかわった石橋のうえを、流れ星がわたっていきました。／

『天にかかる石橋』（石風社）

1993年の8・6水害で流された石橋が天の川にかかるという絵本。ものばかりでなく、地上での思い出は天に昇り、降り注いでいるのかもしれない。作者は鹿屋の小児科医の松田幸久さん。絵は故・黒田康子さん。七夕竿《ざお》と天を見上げる子どもの表紙が印象的だ。

8月7日、七夕をたてたかな。昔は子どもの願いごとだけじゃなかった。祖父母も七夕紙を用意し「七夕さんを目印におせろさあ（精霊様）が帰ってくる」と言って作っていた。「おせろさあ、あたいたちゃ、こけおんど」（私たちはここにいますよ）。

213・黒ぢよかの古きを得たる楽しさよ軽《かろ》く叩けば磬《けい》の音《ね》ぞする／与謝野鉄幹

『鉄幹晶子全集23』（勉誠出版）所収「霧島の歌」より。1929（昭和4）年、与謝野鉄幹・晶子夫妻は、改造社の山本実彦社長（薩摩川内市出身）の案内で鹿児島を訪れた。

引用歌は「古い黒ぢょか（焼酎を入れる土瓶）を得て楽しかなあ。軽くたたくと仏具の磬のようなよか音がすっど」って感じ。磬にたとえたのは、お寺に生まれたためだろう。身近な楽器みたい。鉄幹さんは小学時代2年間、鹿児島と加治木で過ごしている。当時黒ぢょかは、大人への憧れだったかもね。

214・やしろのすぎの木　くすの木も　そらまですくすく　のびている　おててをふって　むねはって　みんな大きく　なりましょう／与謝野晶子

薩摩川内市のみくに幼稚園・みくにキッズ保育園の園歌2番より。作詞が与謝野晶子なんて、めったいなかせん（めったにないよね）。しかも作曲は中山晋平。驚きの2乗だ。聞けば、園の創設者が、川内出身で改造社社長の山本実彦と旧友で、そのご縁とのこと。晶子は「川くらくなりぬ御山《みやま》の樟《くす》の木のにはかに枝《えだ》を張りたるやうに」を、夫の与謝野鉄幹は「実彦《さねひこ》のふるさとの川おほらかに深し明るし実彦と似る」を川内で詠む。

引用のやしろとは新田神社。木のように大きくなるがねー。

215・母が、この木が戦時中、神社周辺の人々の命や家を救ったことを教えてくれた／
谷川香代子

この木は、姶良市加治木の愛宕神社にあった樹齢３００年以上といわれた杉である。「北原白秋生誕百年記念童謡詩」優秀賞の谷川さんが、命をつないでくれた木へ寄せた、詩のような随筆「心の木」より。かごしま児童文学『あしべ』7号所収。

この木の写真を２０１７年秋、鹿児島市の山形屋であった「戦中・戦後のくらし」展で見た。加治木の焼け野が原の向こうに大木が見え、戦闘機が近づけないことが分かった。加治木空襲は8月11日。涙が、くゎらいくゎらい（しきりに）こぼれてならん。

216・焼夷弾投下により校舎炎上焼失、無差別機銃掃射を受け、学友十五名死亡、負傷者数知れず、その惨状眼を覆うばかりなり／「殉難学徒の碑」（加治木高校）

戦争中、鹿児島も日本列島の砦《とりで》として数々の悲しい出来事があった。１９４５（昭和20）年8月11日の加治木空襲もそのひとつである。旧制加治木中（現加治木高）は出校日だった。逃げ惑い、目の前で友が撃たれるのを見た生徒もいたはず。あと4日で終戦だったのに。ああ、戦争はむごたらしか。

この年の3月、列車銃撃で登校中の生徒1人が亡くなった。16人の名を記した碑に8月11日、慰霊の花束が供えられる。花の香りをどうぞ。日本は花を愛《め》でられる世の中が続いていますよ。

217・姫様のようなきれいな、ひなじょの髪を　ゆらゆらゆすれ／内村サトエ

「ひなじょ」とは「お雛《ひな》さま」。髪を揺らして雛祭り？　いえいえ、実はある野菜の詩。ご存じでない方は一緒に考えもんそ。他に「よめじょ」（お嫁さま）の言い方もあり。髪はおすべらかしにできるほど長く、なんと茶髪。身にまとった黄緑の衣を脱ぐと、きめの整った金色の肌が宝石みたい。もうおわかり？

引用の詩は『日本の子どもの詩　鹿児島』（岩崎書店）所収の「ときび」。トウモロコシのこと。「ときっのよめじょ」の名もある。どら、お盆にはトウモロコシやカライモやらゆがいて、仏壇にお供えせんならね。

218・今年《ことい》も盆にない申《も》した／昔《むかし》や松《まつ》のツガに火をちけて／先祖さあの墓ん前で火振《ひぶり》をし／晩おそまで　精霊《せろ》どんの送い火を焚《た》っもした／藏薗治己

詩集『お静さん　方言で詠う魂の旅』(南日本新聞開発センター)の「命の音　弾《はじ》けあい火振《ひぶり》うた」より。ツガは古松の根の中心部で、油分が多い。

あれはお墓参り。細い竹の棒を手にしブンブン回していた。棒の先には針金で留めた空き缶があって、ポツポツ空いた穴から風を切る音がする。そこから灯《あか》りがもれる。電灯もない車も通らない道を歩く記憶が、この詩で呼び覚まされた。そうか、缶の中でツガが燃えちょったんだ。今の子どもにも灯りのある記憶が何か残せるとよかねえ。

219・「カジキサー。ヨシトシノオヤジャ　モ　モグイヤッタドカイ(カジキさん、ヨシトシの親爺は、もう潜って行かれましたか)」／『吉村昭　昭和の戦争Ⅲ』(新潮社)

太平洋戦争末期、制海権を握られた日本は同盟国ドイツとの間で潜水艦航行を試みた。引用は「深海の使者」より。日本外務省からドイツの日本大使館への国際電話で、日本行きの潜水艦の出航を尋ねた。盗聴されても理解できないよう鹿児島弁が使われた。乗艦する海軍中将を出身地の日置郡吉利村の名で呼んだ。「カジキ」も応対する連絡員の出身地。この会話は盗聴され、米国籍の青年(父親が鹿児島出身)により解読された。

方言まで武器にする時代は、こいで終わりにせんないかん。

220・「争いごとをする人たちに伝えやったもんせ。はよ、なかなおいしやんせ、ち」／『大地からの祈り　知覧特攻基地』（高城書房）

鹿児島に特攻基地があったことを子どもたちに伝えたくて書いた自著本より。主人公・開聞岳さんの目に過去一番つらく映ったのが特攻隊だ、という設定。引用は、亡くなった鳥濱トメさん（特攻隊員のお世話をされた方のお一人）が「開聞岳さん。地球は、ほんのこて美しかあ」と、天から語りかけた後のせりふである。

開聞岳さんは、これからも薩摩半島の先に立ち続け、何千年後も人の歴史を見ていくだろう。きっと地球から争いごとが消える日を待ちこがれておいやっ（いらっしゃる）はずじゃ。

221・ふる里はいいな五感を食べられる／前田一天

五感とは、視・聴・嗅・味・触の5つの感覚。食べるという動詞を使っているのが、おもしてか。『火のしま』（2017年6月）所収。この句は第20回全日本川柳誌上大会で最高賞を受賞。前田さんは表彰式に出席するため札幌まで行かれたという。鹿児島の五感と北海道で感じる五感、どげんちごたこっじゃろかい（どんなに違ったことでしょう）。北の大地や海の食をあれこれほおばり、じっどれた（食べ疲れた）かな。

さてお盆に故郷に戻ってきた方は、帰省先の五感を思い出しつつ帰ろかい。

222・夏祭り。あんたと花火が好っじゃっど／『随筆かごしま』（随筆かごしま社）

上薗登志子さん編集による雑誌（２０１１年休刊）の２００３年６月号表紙の言葉より。家族で見る花火ではなく、ときめきの恋の告白花火の夜を想像してしまう。英語で花火はfireworks。イギリスでは冬の寒さを吹き飛ばす激しいイメージだとか。日本人にとって花火は、夏、夕涼み、浴衣、そして恋かな。

８月には、かごしま錦江湾サマーナイト大花火大会がある。間近で肩を寄せ合い見るのも、観覧車アミュランから見て指輪を渡すのもよかね。おばちゃん(私)の妄想は止まらんですがよ。

223・仏壇《なんなん》の鉦《じん》な此《こ》ん頃《ご》ら遊《あす》っ道《ど》っ具／桑元行水

なんなんさん、なんまんさん、のんのんさんなど、仏壇の幼児語はかわいい。鉦《かね》を鳴らすことを「チンしておいで」とも言う。引用は、鉦が遊び道具になったというほほえましい情景だ。ご先祖さあも「よかよか、もっと鳴らっしゃんせ」と言やっが。薩摩郷句集『たっばけ』所収。「孫は来て良し、帰って良し」ということわざもあり。すたーっ、だれ（非常に疲れ)、シーンとなった部屋にほっとしたり、徒然《とぜん》ね（寂し）かったり。晩夏、外では鉦のようなツクックボウシも鳴き出しもした。

224・それは楠木正成公じゃろ、仁田尾んお仮屋にある木像が気がかりじゃ、お前や行って見てけ／『松元の昔話』（松元町教育委員会）

鹿児島市石谷町に伝わる「楠公《なんこう》さぁが頼っちょ」より。飯牟礼量平《かずひら》という医者が熱病にかかった際、祈祷《きとう》師から「昔の偉い方が頼っている」と言われた後の言葉。奥さんが仮屋に行くと、楠木正成公の木像が倒れていた。楠公神社を建て木像を安置し、医者どんは全快したとさ。

この楠公神社には幕末、薩摩藩英国留学生が立ち寄った。旅の無事を楠公さあも、はしっと（しっかり）受け取いやったこっじゃろ。現在は碑のみ残っている。木像はさつま町宮之城の楠木神社に祭られている。

225・宇宙周遊一笑中／『森有礼』（吉川弘文館）

犬塚孝明著より。旧暦で元治2（1865）年3月、薩摩藩英国留学生の森有礼が、いちき串木野市の羽島から旅立つときに詠んだ句。世界をぐるりと、ちっと笑う間に回ってきもんそ、という心意気だろう。18歳だった。約2カ月後に英国へ到着した。大学生になる前の夏休み返上で、猛勉強したはず。秋にロンドン大学に入学。ロシア、フランス、アメリカと周遊し帰国した。

初代文部大臣となった森は明治22（89）年、暗殺される。享年42歳。ちっとばっかい笑う短い一生じゃった。

226・十歳から十三歳の、さまざまな思い出に、薩摩揚の匂いが、あの味がダブってくるのである／『父の詫び状』（文藝春秋）

向田邦子さんは1929（昭和4）年に生まれ、81（同55）年の8月22日、航空機事故で他界された。ご存命であれば令和初めには90歳余り。まだまだ楽しいドラマの脚本を書かれていたにちがいない。

引用は「薩摩揚」。鹿児島市の城山の麓から山下小学校へ通い、つけあげ（薩摩揚）を食べ、天文館で買い物もした。引用の続きは、有名な「私のマドレーヌは薩摩揚である」。かごしま近代文学館（鹿児島市）の常設展には「向田でございます」という留守番電話もあり。向田さん本人の揚げ立てつやつやの声がしもんど。

227・気にかけたつもりはなかが、おれも鹿児島の出身や。長く東京におっと、鹿児島弁につい反応してね／映画「洋菓子店コアンドル」（アスミック・エース）

脚本：前田浩子・深川栄洋・いながききよたか

日置市出身の前田浩子さんが製作総監督の映画。2011年公開。鹿児島から上京した女子がパティシエになっていく物語。蒼井優さん演じる主人公なつめが、薩摩おごじょパワー全開で突進していく。引用は、なつめが自分を気にかけてくれた理由を問うた答え。相手は伝説のパティシエと呼ばれた江口洋介さん演じる十村。どんでん返しのようで、鹿児島県民には最高の聞き所だ。蒼井さんや江口さんの鹿児島弁に拍手喝采！

一昔前はマイナスの方言が、今や方言女子男子の時代となっている。

228・てぃだくむがなし　てぃだくむがなし　あまやてぃんな　くまやてぃり　ビャーク　ビャク／奄美のわらべうた

「お日さま　お日さま／むこうは照るな　ここは照れ」の意味。川で遊んでいて体が冷えると河原にあがった。そのときのとなえうた。嘉原カヲリ著『わらべうたを子育てに』(あさんてさーな)より。奄美とは言え、川の中で遊び続けることはできない。冷えた体には、太陽がありがたい瞬間だろう。

子育て中、小さな家庭用プールに水をはり、日向水《ひなたみず》にしてから遊ばせていた。最初はバシャバシャ水面をたたき喜ぶが、次第に唇が青くなる。「もう上がろう。お日さまにあたるが」。

229・おまえたちはやっせんぼじゃなかね。考えのある、度胸のある男ん子じゃ／『鹿児島の童話』(リブリオ出版)

堀口とも子さん作「知林ケ島渡り」より。この島は指宿市沖に浮かぶ無人島で、潮により陸続きとなる。約800メートルの砂州の愛称は「いぶすき砂の道ちりりんロード」。事前に渡れる時間帯を調べて行かんと、やっせんよ(ダメよ)。

引用は、知林ケ島に渡り潮が満ちて帰れなくなった少年たちの話。無理せず島の船着き場で待っていると、そこに現れたお父さんのせりふである。やっせんぼ(弱虫)を乗り越えた判断は、ちりりんと心の鐘を鳴らした。道が生まれたり消えたり、人生の歩《あゆ》んかたのごっちゃ。

230・蒲焼《かばや》っも　効《き》かじごろいと　暑《ぬっ》さ疲《だ》れ／小天狗句集

「ごろいと」は、とうとうの意。夏バテ防止にうなぎの蒲焼きを食べたけど、バテましたという句。このごろの暑さは、ウナギから「私一匹ごときでは、どもこもならん」と言われそう。鹿児島県指定「かごしま旬のさかな」で、夏の魚は「キビナゴ、トコブシ、マダコ、ウナギ」。アワビに似たトコブシは、種子島ではナガラメの名で知られる。種子島在住の際、漁師さんからいただいたなあ。ああ、この旬の魚をずるっ（全部）食べたら残暑を乗り切れるか。ちょっと、ふぞ（財布）と相談中…。

231・「きゅも天気がよかで、さばくっどなー。」（中略）「ほんのこて、よかかん水がでけたなあ。」／『松原塩田』（うんべの会

始良市の県運転免許試験場の辺りには、かつて塩田があった。引用は始良市在住の女性4人グループ「うんべの会」製作の絵本より。「今日も天気が良いから、はかどりますなあ」の意。「かん水」とは濃い塩水のこと。松原塩田は1951（昭和26）年の台風で全滅したという。夏休みの自由研究に困ったら塩づくりに挑戦してみては？　海水の塩分濃度は約3％。1リットルを煮詰めて濾過すると、どのくらいできるかな？　昔の苦労も少し体験できて、宿題もさばくっど。

232・御前《いやぬちゅうりの》一人残うて　淋《とで》んなさや　唐浜外《からはまは》じれぬ　磯松くわ／藤井令一

『鹿児島県詩集第五集』（県詩人協会）所収の奄美方言詩「磯松」より。浜の埋め立てにより「お前一人だけ残ってしまって淋《さび》しいことだろう　唐浜のはずれにたたずむ磯松よ」と呼びかける。淋しいを「とでん」というのは、薩摩大隅で使う「とぜん」と同じ「徒然」からだろう。塩害に強い松は、昔から防風・防砂林として植えられてきた。近年、港湾整備により伐採される。県内では、吹上浜と、くにの松原（大崎町）が、白砂青松100選に選定。海岸に松、ずっと残したか風景じゃ。

233・おはんな淳二に向こっ、絵を褒めやせんかったや／『吉井淳二　画帖の栞』（南日本新聞社）

故・吉井淳二画伯は、市場や浜辺で働く女性を描いた。引用は末吉村長であった父親が訪問者へ、「あなたは淳二に向かって、絵を褒めなかったでしょうね」という念押しめいた言葉。父親としては息子を政治家か医者にしたかったので、絵を絶対に褒めなかったという。しかし、吉井画伯は絵で身を立て、文化勲章も受章され、100歳まで描き続けられた。

今や「褒めて育てる」が主流だが、褒めてん、褒めんでん、子どんな我《わ》が志を貫き、生きていったろね。

234・島に生き子々孫々と黒うさぎ／吉玉道子

国の特別天然記念物のアマミノクロウサギは、奄美大島と徳之島に生息する。授乳は2日に1度で、授乳を終えると子どもを穴に入れ、入り口をふさぐ。ハブから守る子育てを受け継いできたのだろう。子は穴の中で「親になったらママみたいにふたをしなきゃ」と、感謝しながら学ぶのかなあ。「ありがたさまりょーた（ありがとう）」。県俳人協会合同句集『海紅豆』第13集所収。

アマミノクロウサギには受難の時代になった。交通事故で死んだり、野良猫に襲われたり。人の営みも考えなければなるまい。

235・スイカちゅうもんは、皮身の白かところが、いちばんうんまかとじゃ。中の赤かところは、はらわたやっどぞ／『鹿児島県の民話』（偕成社）

江戸時代初期、日当山の地頭・徳田大兵衛《おおひょうえ》は、身長が3尺（約90センチ）ほどで、侏儒《しゅじゅ》どん（小さい人）と呼ばれていた。引用は「スイカのはらわた」。お城で初めて食べたスイカの種をもらい、植え、実になったときに、家の若者へ言ったせりふ。侏儒どん、ずるかあ。赤いところをはらわたと言って。我がばっかい、うまかとこを食べたね。

でも、皮身の白いところも漬け物にすればおいしい。8月31日は語呂合わせで野菜の日だとか。農林水産省の定義によると、スイカは野菜的果実じゃったっち。

236・この頃を「風ドッ」(風の吹く時期) といって、隣近所の人が寄り集まって簡単な食事の用意をして、神に祈りを捧げる風習があったという／『鹿児島の暮らし方』(南方新社)

「この頃」とは二百十日の頃をさす。立春から210日目前後は台風が多いと言われる。今年もウカゼがウエごあんどなあ(大風が多いですね)。台風という言葉は大正時代かららしい。それまでは大風、大嵐、古くは野分《のわき》とも呼んだ。

引用は青屋昌興著より。風習という形をとって非常食の準備をしたと書いている。天気予報はなくとも「命を守る行動」に取り組んでいた。今は「風ドッ」の風習はないが、ご近所さんへ「台風の備えは、だいじょっけ」と声を掛け合いたい。

237・秋茄子《あきなし》や嫁に食《く》わすんな／鹿児島のことわざ

嫁としゅうとの確執に関する全国的にあることわざ。秋に取れるナスはおいしいので、嫁に食べさせるのはもったいないの意。秋ナスは体を冷やすから、秋ナスは種が少なく子宝に恵まれないから、との説もあり。

一方、引用と逆パターン。「娘《むいめ》んこが戻っくれば、木戸口《きどぐっ》の草も生えんち言うもんじゃ」。里帰りした娘には、家から庭まで、ありったけの物を土産に持たせる。出費はかさむが惜しくないうれしさ。ことわざって精神安定剤になるのかも。愚痴ったり、気持ちを和らげたりね。

238・このようなもの（コゲナモン）、字引《ジビッ》ジャナカ。これは廃物《クッサレモン》の紙屑《カンクッ》ジャ／『井上ひさし全芝居その四』（新潮社）

明治初め、辞書作りを命じられた官吏が主人公の芝居「國語元年」より。山口弁、鹿児島弁、江戸弁、大阪弁、東北弁、名古屋弁等が飛び交う屋敷のおかしさは、故・井上ひさしさん劇場だ。全国の言葉を統一しようと方言を平等に入れた辞書には「オットッ（盗む）」「ケシン（死ぬ）」などマイナスの言葉が多く、引用のように鹿児島出身の義父は怒る。

いつの世も言葉を統一できるものではない。地球規模で考えるなら、民族の意思疎通に英語という共通語は必要だ。じゃっどん（しかし）、英語圏以外の膨大な言語を粗末に扱ってはならないだろう。

239・物柔かといえば鹿児島の言葉は実に柔い。維新物の講談に出てくる薩摩武士のオイドン言葉で想像していたのとは全く違う／『海辺の熔岩』（創文社）

東京生まれの画家で執筆家の曾宮一念（1893～1994年）著より「桜島」。

1949（昭和24）年、曾宮さんは鹿児島を訪問された。紳士や美人が多いと書く。言葉も引用のように実に「柔《やわらか》い」と。うれしかねえ。桜島ではどんな言葉に触れやったどかい。桜島独特の感嘆詞も聞こえてきたかな。「てー、絵描きさんが来やった」とか。

曾宮さんは71年、両目を失明。画業を退き執筆家へ。研ぎ澄まされた耳に、鹿児島の柔い言葉を思い出されていただろうか。

240・酢がめをンマいウセて運べば、ンマがハントケてかめを割いおったちゅ話があいもしと／『かごしま弁　南九州の言葉と風土』（南日本新聞社編　筑摩書房）

霧島市福山の亀割峠にまつわる話。ンマとは馬、ウセルは背負わせる、ハントケルは転ぶ。つまり、馬が転び、背負わせた酢甕《がめ》を割っていた難所だった、との話があいもしと（あるんです）。なるほど。カメさんが峠からハントケて、甲羅が割れたんじゃなかったんだ。

福山はアマン（酢）の里。野天に広がる壺《つぼ》畑は壮観だ。昔のンマが運んだ甕は、あの壺よりずっと大きかったんじゃろね。今は工場でさまざまな商品に加工しトラックで運ぶ。じゃっどん、伝統の味は昔と変わらない。

241・こだわりは薩摩の国の黒文化／小瀬一峻

9月6日は「黒の日」。黒文化へのこだわりは、ずんばい（たくさん）あっど。では、ご一緒に。黒牛、黒豚、黒こうじ、黒酢、黒ゴマ、黒砂糖、黒ニンニク、黒さつま鶏。黒潮の海でクロ（メジナ）を釣れば、ソデグロヅルも飛んでくろう。シベリア渡りを祝おうと、黒ぢょか片手にくろじった（うつむいた）。くろたくられてん（叱《しか》りとばされても）、くろ（暗）ならんうっから、よくろんぼ（酔っぱらい）。くろ（苦労）は無しちいぅ黒文化。

引用は、川柳『雑草』（2017年9月）より。

242・AIさんの鹿児島弁は、マジリスペクト。／『鹿児島共和国のオキテ100カ条』（メイツ出版）

たくちゃんこと、タレントの野口たくおさん監修の本より。AIさんは「Story」や「ハピネス」で有名な歌手だ。お母さまが日本人とイタリア人とのハーフ、お父さまが薩摩隼人で、英語と鹿児島弁を話す。

2017年夏、鹿児島市の鹿児島アリーナでプリンスアイスワールドがあった。AIさんは安藤美姫さんとジョイントの前、会場を鹿児島弁の渦に巻き込んだ。ほれぼれする語り。荒川静香さんやプルシェンコさんにも聞こえていたはず。マジリスペクト（ほんのこて、尊敬）じゃ。

243・好きな子の手前で終わるオクラホマ／麻井文博

だからよ（そうそう）。たまに人数調整のため入った苦手な教科の先生で終わった時なんか、のさんこっ（つらいこと）じゃった。オクラホマとは、フォークダンスのオクラホマミキサー。中3か高3の体育祭で踊る。鹿児島育ちの子なら誰でも踊れるはず。引用は川柳『火のしま』（2017年4月）より。

このオクラホマの替え歌「みんながみんな英雄」を、鹿児島市出身のAIさんが歌いヒットした。AIさんの歌で踊る学校も増えているとか。オクラホマ、これもかごっま言葉玉手箱に入れもそ。

244・交通《こうつ》事故ピーポも悲《かな》しゅ泣《ね》て走《はし》っ／瀬戸口湯気

9月9日は「救急の日」。道で救急車が来ると、皆両サイドへ寄り、ピーポーは真ん中を走り抜けていく。この句により、それまで「来っどー、来っどー」の合図だったサイレンが、「悲しどー、悲しどー」に聞こえきた。通り過ぎるときに音が下がるのも物悲しい。薩摩狂句『さんぎし』（2017年9月）所収。

音は空気が振動して聞こえてくる。地球どん、大昔は空気も生物もなく、音のない世界だったけど、今は楽しい？　んにゃ（いいえ）、私にも救急車が必要な、昨今の異常気象！

245・あちゃや（明日は）　新節で　まるぶんだちゃあど　ぺーさ（早く）　ふうて（起きて）
みんにゃ（見に）　いくさやー（いきましょうね）／
『まるぶんだちゃあ』（武蔵野文学舎）

中田榮さん文、中田誠一さん画の絵本より。喜界島に昔、身分違いで夫婦になれず、子どもを宿したまま海に身を投げた女性がいた。新節《アラセツ》の朝、左手に赤ちゃんを抱き、右手に丸盆を持つ母の雲が現れた。まるで盆に供えたお神酒で子どもの健康を願うような。その姿を「まるぶんだちゃあ」と呼ぶようになったという。物悲しい母子の姿だが、かわいい響きである。

9月初めには、奄美各地で神々を招き豊年を祝うアラセツ行事が行われる。ショチョガマ、平瀬マンカイ…。みんにゃ、いくさやー。

246・生み立ての卵を割れば皿の上にきんごきんごと盛り上がる黄身／泊勝哉

「きんごきんご」はピカピカの意。店頭の卵より、何ちゅてん（何と言っても）飼っている鶏の生んだ卵が一番新しい。最大級のきんごきんごだ。腐れていたら黄身は崩れてべらっとなる。泊さんは「親鶏の目を気にしつつ鳥小屋に生みたて卵そっと取るなり」とも詠む。短歌・エッセー誌『華』（2018年2月）所収。あたたかい私の卵をおっといやんな（盗まないでください）。ココココ。

栄養価の高い卵で私たちの命はきんごきんご輝く。鶏さん、おおきに、あいがとなあ。

247・歩《あゆ》ん程《ほど》　増《ふ》える健康《けんこう》　減《へ》る脂肪《しぼう》／「かごしま弁健康づくり標語」

ＪＡ鹿児島県厚生連が募集した2015年の佳作より。増えると減るの対句が笑いを誘う。また、「歩む」が鹿児島弁では「歩ん」になる。亡き祖父母は「歩んで帰る」と言っていた。歩きまわることを「歩んさるっ」とも。今は名前「あゆむ」さんや「創業100年のあゆみ」などと使われるが、動詞としては文語的表現となった。そもそも車移動で歩むことが少ない。意識しなければ方言が減っていくように、歩くんだという意志が必要な時代になったたろかいねえ。今日は何歩、歩んけ？

248・あのころはテープレコーダーなどなかったので、テレビから流れる玉置さんの言葉をすべて紙に書き、丸暗記しました／『きみまろ流』（PHP研究所）

志布志市松山出身の漫談家・綾小路きみまろさんの随筆より。1950（昭和25）年生まれのきみまろさんは中学2年生の時「司会者になる」と家族へ宣言した。憧れは「ロッテ歌のアルバム」の司会者・玉置宏さんだった。抑揚のある話し方にすっかり魅了されたとのこと。今は録画し再生・停止を繰り返してメモできるが、当時は一発勝負。その集中力は「半端ないって」じゃっつろ（だったでしょう）。

どげん機械が発達してん、やっぱい「書く・暗記」が基本！

249・親ん恩な　子せえ／鹿児島のことわざ

手にまみれん（両手からすりぬけそうな小さな）赤ちゃんが生まれた時、親のありがたさが分かる。引用は、恩を返す親はいなくなるが、その分を子どもへの愛情にしなさいね、の意。子の恩な孫せえ、とつながる。

２０１８年8月、「ちびまる子ちゃん」の作者・さくらももこさんが亡くなられた。さくらさんの描く家族はどこにでもありそうで、でも複雑な社会となった今では懐かしくもある。家族の絆ってなんだろう。9月の第3月曜日は敬老の日。連休中、親子3代で触れあう時間を持ちたかね。

250・「いいや、内方《うっかた》と二人《ふたい》でしもしたと」「私も宿《やど》ん衆《し》と二人でしもしたと。まだ、済《す》んもはんなした」／『かごしま文化の表情　方言編』(鹿児島県)

農作業をめぐる年配夫婦の会話より。「内方《うっかた》」は家内(嫁)。「宿《やど》ん衆《し》」は主人(夫)。それぞれ「配偶者と作業しましたよ」と言う。夫婦で助け合い仕事をこなす雰囲気が伝わってくる。年配でなくても「内方」を使う男性もいる。妻や嫁や家内より仰々しくなく言いやすいのかな。種子島での妻と夫は「ばきー」と「おじー」。奄美では「とぅじ」と「うとぅ」など。呼び方も変わる運命。先日、若い女性が配偶者を紹介するとき、「旦那さん」とさん付けしたのに、ビックリしもしたと。

251・爺《じ》さん婆《ばあ》さん長《な》ご生きやい　米も安《やす》なろ　世も良《ゆ》なろ　弁天芝居《べんぺんしばや》も　またござろ／鹿児島のわらべうた

かつて、毬《まり》つき遊びの中で「長生きしてね」と歌っていた。ご飯もいっぱい食べられて、暮らしやすい世の中になって、楽しい芝居も来るからねーと。「弁天芝居」とは島津重豪《しげひで》公が城下の祇園之洲に建てさせたもの。テレビのない時代、芝居は寿命が延びる薬だったはず。わらべうたを感傷にせず、伝える方々も多い。平均年齢85歳10人の志布志淑女会では、CD付『むかし歌ったわらべ歌』や『むかし遊び伝承館』を発行された。薩摩おごじょパワー全開中。志布志の女性は、高い志ごわんどなあ。

252・あかんべえ　しらんべえ　おせんべえ　ちょうだい　あげない　おしりぺんぺん　へのかっぱ／現代鹿児島のわらべうた

過日、地域の夏祭りでのこと。集まった小学生が「花いちもんめ」で遊びだした。「もんめもんめ　花いちもんめ」から「あの子がほしい　あの子じゃわからん　相談しましょう　そうしましょう」。その後、引用の唱え歌に入る。それから「きまった」「○○さんがほしい」。誰もが遊んだわらべうたは、時代や地域を超え、言葉を変え、脈々と受け継がれている。この韻を踏んだ悪態語は国宝級じゃ！

ニコニコ遊ぶ子どもたちを見つつ「方言も　なくなりゃせんど　へのかっぱ」と心で歌った。

253・輪になって　ゆっくり踊る　さたうら音頭／『吉田のかるた』

鹿児島市の吉田小学校制作のかるたより。佐多浦音頭は1980年代後半、吉田在住の詩人（歌人）故・浜田喜代子さんが作詞した。「思川《おもいがわ》とは　嬉《うれ》しい文字よ　女山川水《めやまかわみず》　抱き入れながら（中略）イツマデモ」。当時の教頭先生が作曲し、ＰＴＡ会長が歌い、会長のお姉さまが振り付けをしたという。まさにオールヨシダ。伝統は続き、毎年吉田小・吉田北中合同運動会では全員で踊るという。

それにしても、いつまでも踊れる輪という形は世界中にあるが、誰が最初に考えついたんじゃろかいねえ？

254・暑《ぬ》っさ　寒《さん》さも　彼岸ずい／鹿児島のことわざ

全国的に言われる「暑さ寒さも彼岸まで」の意。彼岸は春と秋の2回あるが、南国生まれのせいか、秋にしみいることわざだ。「あげん、ぬっかったて」と不思議がり、彼岸花に「感心、よう咲く時季を覚えちょったね」と声をかけたりしたくなる。

娘が幼い頃、「彼岸花って、秋に1回咲くんだね」と言ったことが忘れられない。じゃらいねえ（そうだね）。桜も1回、彼岸花も1回。私たちは、一生に数えられるほどしか愛《め》でられないのだ。なんて感傷的になるのも、秋だからじゃんそ。

255・じょじょん（すごく）！　交通安全！／２０１７年さつま警察署交通安全反射材キーホルダー

２０１７年の鹿児島県警が作製した交通安全を呼び掛ける方言キーホルダーより。各署の方言が光った。さつま署は、かわいい響きの「じょじょん」を採用。「盛々《じゃうじゃう》に」が語源だというこの言葉は、じょじょん使いやすい。このコラムへ「毎日、じょじょなこっ（たいへんなこと）」という感想も頂いた。

9月21～30日の間、秋の全国交通安全運動が行われる。２０１８年のキーホルダーは維新１５０年にちなんで「交通安全の夜明けでごわす」であった。交通安全は何万回言っても大切だ。方言もじょじょん大切だ。

※方言キーホルダーの配布は終了しております

256・ころがして　ころがして　持ち上げて　下がる／川内大綱・綱練りの掛け声

毎年、秋分の日の前日に、薩摩川内市で日本一の大綱引きがある。大綱は長さ365メートル、直径40センチ、重さ7トン。早朝から男女問わず約1500人が参加し、綱練りが行われる。通行止めの県道に、365メートルの細縄の束が3列置かれ、引用の掛け声に合わせて足で転がし、よりを入れる。大人と若い学生の力が綱へ伝わり、命が宿っていくよう。約4時間で3本の綱となり、シンコという道具で1本にねじり、大綱が仕上がる。

400年の伝統、あんでるせん（編んでるよね）。いざ出陣！

257・十五夜の萩、栗、すすき、女郎花亡姑《はは》に倣いて一升瓶に挿す／三宅多江子

歌集『祥雲』所収。旧暦では1〜3月が春、4〜6月が夏、7〜9月が秋、10〜12月が冬。旧暦8月15日は中秋の名月。いわゆる十五夜さんだ。三宅さんはお姑《しゅうとめ》さんに教わったように一升瓶に挿すとのこと。私の亡姑は県外出身で、私が道ばたの萩《はぎ》やススキをてげてげ切り、一升瓶に挿すのを珍しそうに見ちょいやった（見ていらした）なあ。

どら、十五夜さんの前には、せひこ（急いで）団子粉やら果物やら買いに行かんならね。当日ん晩は晴るればよかどん（いいけど）。

258・ホテル建ちテレビ塔建つ城山に殉ぜし壮士ら何夢みゐむ／鶴田正義

明治10（1877）年の9月24日、西郷隆盛は城山（鹿児島市）で最期を迎えた。南洲神社宮司だった故・鶴田さんの短歌はテレビ塔が魅力的だ。西郷どんたちと交信できそうな、いやワープしてホテルの温泉で「ほう、令和になったちな」と背中まで流せる気がしてくる。『鶴田正義全歌集』（ジャプラン）より。『西郷どん！まるごと絵本』（燦燦舎）の主人公も時を超え、西郷どんと会う物語である。

鹿児島には、維新の偉人と語れる「夢のアンテナ」が、あっこそこ（あちこち）あいよー。

259・陸軍大将とあふがれ、君の寵遇《ちょうぐう》世の覚え類《たぐい》なかりし英雄も、今日はあへなく岩崎の、山下露《つゆ》と消え果てて／勝海舟

陸軍大将と仰がれ、陛下から頼りにされていた英雄とは、西郷隆盛。城山（鹿児島市）の地で露と消えた最期を悼むこの歌は、勝が4年の歳月をかけ推敲《すいこう》したとか。江戸城を開城し、江戸を火の海にしない約束をした二人には、深か絆があっつろ（あったのでしょう）。後年、勝さあは逆賊とされた西郷の名誉回復に奔走し、上野の西郷銅像設立に力を注いだという。

カセットテープ付『薩摩琵琶』（ぺりかん社）の「城山」より。薩摩琵琶と一緒に聞けば、なおさらセッナカ（せつない）。

260・晩でんカギゃかけんじ寝っちょいがないし　なんちゅあならん　よかあ集落ごあんさ／酒木裕次郎

『鹿児島県詩集　第二十一集』（ジャプラン）所収「正直者が生きていく」より。鹿児島弁でしゃべる巡査さんをモデルにした詩。「夜でも鍵をかけないで寝ていられるし、なんともいえない、いい集落です」。

戸締まりは地方ほどしない傾向にある。来客者は「こんにちは」と言いながらドアを開ける。鍵がかかっていると逆に心配する。近頃はそんなのどかな集落を狙う泥棒もいるとか。おっとろしかあ（恐ろしい）。鍵はかけても心の鍵はかけんじ、お隣近所とつきあいもんそ。

261・離島にて会ひし優しき校長の急死ガジュマルの気根からみ来る／久保妙子

ガジュマルは幹や枝からも気根という根を垂らす。地上に杖をつくような姿は「歩く木」とも呼ばれる。優しい校長先生の死に校庭の木が浮かんだのだろう。ガジュマルが歩いてきて、久保さんに絡みつくほどの悲しみか。ガジュマルとは「絡まる」から来た言葉とも言われる。引用は歌集『窓いっぱいの空』（ジャプラン）より。

沖永良部島・国頭小学校の日本一のガジュマルは、１８９８（明治31）年に第１回卒業生が植えた。１２０年間、児童を見守りイキチュン（生きている）。

262・私はロンドンのスーパーマーケットで、ミカンを見つけている。（中略）「SATSUMA」として、売られていたのである／「井上章一のニッポン七変化」

長島発祥の温州ミカンに運動会を感じるのは、私だけだろうか。そのミカンがサツマとして店頭に並んでいた。んだもしたん（あらまあ）、大玉をロンドンまで転がした気持ちになった。引用は南日本新聞2017年5月5日付の文化面より。19世紀の開国後、米外交官のバルケンバーグ夫妻は薩摩のミカンを気に入って持ち帰った。それがフロリダで普及したとか。アラバマ州にはサツマという地名もあるとか。オーマイゴット。ではサツマツリーからちぎる（もぎとる）と、言わんなら。

263・運動会は、いっじゃいけな　When is the sports carnival?／MBCラジオ「ヒリーのからいも英会話」

2007年4月から翌年9月まで、ラジオで楽しいレッスンが流れていた。引用のように「運動会はいつですか」を、鹿児島弁と英語で言う画期的な内容だった。もう一例。秋になると朝晩少し肌寒く感じる。それを「ちっと、すーす、すらい」「It's a bit chilly」と会話レッスン。鹿児島弁も英語も分かり、おもしてかったなあ。ヒリーさんは今も鹿児島で英語の先生じゃっち。

英語も鹿児島弁も使わないと忘れるのが、言葉の運命。はめっけ（一生懸命）使わんならね。レッツ　トーク　鹿児島弁！

264・九秒台《きゅうびょうだい》眩《まぶ》しか笑顔《えご》ん新記録《しんきろっ》／河原武庫の花

薩摩狂句誌『にがごい』２０１7年11月号より。陸上１００メートルで9秒98を出した桐生祥秀選手を見ての句だろう。笑顔がほんと眩しかった。２０１8年8月のアジア大会でも活躍し、４００メートルリレーで20年ぶりの金メダル。２０２１年東京での世界的な大会では、惜しくもバトンがつながらず…。一方、女子マラソンでは薩摩おごじょの一山麻緒選手が8位入賞を果たした。

さて9～10月、多くの保育園・幼稚園、小・中・高校で運動会が行われる。津留見焼児さんは「可愛《む》ぜリレー靴《くっ》が脱《ぬ》けたや後返《あともど》っ」（『さつま狂句１００年』）と詠む。速かってん、遅かってん、子どんな、周囲を笑顔にしてくるっどなあ。

かごっま言葉玉手箱

10～12月

265・女子《おなご》だまかし／鹿児島のことわざ

朝晩急に肌寒くなり、慌てて毛布やら長袖やら出したのに、また暑くなる。「あん寒さは、女子だまかしじゃった」という使い方。「10月の裸日和《はだかびより》」のことわざもあり。だまされて服を脱いだり重ねたりしながら、冬へと向かう。天気にだまされるのも、四季がある国の楽しみじゃんそ。

昔、娘に「今日は衣替えするよ」と言ったら、「子どもがえしないで」と悲しい目をした。似た音で、おなごんこ（女児）だまかしをしたわけではなかったが。衣替えの頃、思い出す。

266・風呂場かい親子賑《にっぎや》こ九九ん稽古《けこ》／諸木小春

小学2年生は九九《くく》。議（文句）を言わんじ、覚えんなならん。引用句は風呂場から賑《にぎ》やかな九九が聞こえてきたのだろう。薩摩郷句集『たっばけ』所収。

鹿児島のことわざに「いん五が五なら、猫ん子も五」がある。「いん五」は1×5で、「いん」を犬《いん》にかけている。二つは同格の意味(この場合は犬と猫)。私も『鹿児島ことばあそびうたかるた』で「さんごじゅうごしてから答える七四二十八《しちしにじゅうはち》」を作った。さんごじゅうごは三五十五。しばらくしてからの意味。7の段が一番手強か。

267・何《な》イ事《ご》テ、ソロイと行《い》ッきやッたとオ?…知《し》れん如《ご》ッや?…起《お》きイやらん如《ご》ッや?／『作人五郎日記』（吉田書房）

5歳児への母の台詞《せりふ》。風邪で寝こんだ父の硯《すずり》箱から黙って錐《きり》を借りた息子に「どうして、そっと行かれたの。（お父さんに）分からないようにですか。お目覚めにならないようにですか」と言う。硯箱はショドッバコ（道具箱）みたいな感じかな。息子にも夫にも、さらりと敬語を使える方言は素敵《すてき》だ。

庶民文学作家といわれた重永紫雲山人《しうんさんじん》（本名・義栄）著より。1912（大正元）年発行で農村の暮らしがよく分かる。著者は鹿児島新聞（現・南日本新聞）記者で、紙面で薩摩狂句の選者を担当された。

268・あらいよ、こや、くいとまったけやらよ。ごん、おまいやったとか／
『かごしま弁入門講座』（南方新社）

坂田勝著より。新美南吉著「ごんぎつね」の鹿児島方言訳で、小学校の学習発表会用に脚本化されたもの。引用は兵十がごんを鉄砲で撃った後の台詞《せりふ》。「ああ、これは、栗とマツタケではないか。（いつも届けてくれたのは）ごん、おまえだったのか」の意。この「ごんぎつね」もナンダ（涙）が出てくいがよ。劇で言葉を伝えるのはよかよね。

ところで「こや」って、これは↓こいあ↓こや、に縮まったのかな。これはこや、それはそや、あれはあやと、ドヤ顔してるかごっま弁。

269・持明院様《じめさあ》が一年分《いっねんぶん》の化粧《けしょ》をしっ／小原庄太郎

持明院様を鹿児島弁で親しみをこめ「じめさあ」と呼ぶ。10月5日の命日、鹿児島市立美術館前庭の石像に1年分の化粧をする。2018年のルージュは深みのある鮮やかな赤だった。毎年の流行色も気になる。じめさあは島津義久の三女で、人質として豊臣秀吉の元に送られるなどし、60歳まで生き抜いた。子はなく、心優しい方だったという。

女性の化粧直しは1日2、3回ぐらいかな。1年間も直せないのだから、命日を待ってこすいしちょいやっ（待ちわびていらっしゃる）かもね。引用は薩摩郷句集『ぢしばい』所収。

270・ンンと言い　ハイと言わずに　ネギラれた／『「いろは歌」で巡る　なかたね歴史散歩』

種子島・中種子の歴史を後世に残そうと、國上明さんを中心に作られた。引用は榎本昭さん作「いろは歌」より「ん」の言葉。ネギラれたとは「叱られた」の意。わるさをして説経されていたのかな？　「ンン」と返事したがため、事態の悪化を招いた。注釈にネギラれる時は「キンキンジョウ」が似合うとある。正座の意味で、薩隅ではキンキンと言う。

承諾の返事は、種子島では「イイ」もあったとのこと。最近の若者はラインで「うぃっす」と返事する。仏語かと思いきや「りょうかいっす」の略だとか。

271・柿のヘタに焼酎をつけてビニール袋に入れ、密閉して太陽に当てる／『かごしま食暦』（南日本新聞社）

所崎平著より「柿の渋抜き」。柿には、コネ柿（甘柿）と渋柿がある。店頭にはコネ柿が並ぶので、最近は渋味を知らない子どもが多いかもしれない。引用は渋抜きの簡単な方法。全く同じやり方で、亡き祖父母が縁側で作ってたなあ。よか肌持っ（過ごしやすい気候）と焼酎の匂いは、秋の思い出ですがよ。

さて、柿は欧米でも「カキ」だとか。昔、イタリアにペンフレンドがいた。店にはスプーンで食べられるような柔らかい柿が並ぶらしい。「ジュクッショ」（熟した柿）じゃね。

272・蜂が「ウオンオン、ウオンオン」ち出っきっせぇ、猿《さい》どんの面《つら》と、尻《しい》たびらなんどを刺したくっ（中略）まっこしちょった／『鹿児島昔話集』（岩崎美術社）

伊佐市の民話研究家・有馬英子さんが、鹿児島に伝わる昔話を採集した本より「猿《さい》と蟹《がね》の寄合餅」。１９７４（昭和49）年発行。「さるかに合戦」の話だが、柿でなく餅を猿が独り占めする。最後に蜂が猿の顔と尻を刺しまくり、真っ赤になったという話。「尻たびら」は臀部《でんぶ》。

鹿児島弁で猿は「さい」。夜物《よもの》（夜行性）から「よも」ともいい、名を表す「きっ」を伴い「よもんきっ」の呼び名もある。「よっ、モンキー」みたい。近年、野生の猿が住宅街に現れている。山に食べもんがなかけー？

273・お天道《てんと》さあが見ちょいやっど／鹿児島のことわざ

誰も見ていないと思ってもお天道さまはお見通し。10月10日は「一〇」と「一〇」を横に並べると眉と目になることから、目の愛護デー。太陽は天の目だ。お天道さあで、ことばあそびうたを作ってみた。

おてんとさあが　おいやっで朝が来っ／おてんとさあが　照いやっで　食べもんがでくっ／おてんとさあが　見ちょいやっで　われこちゃできん（悪いことはできない）／おてんとさあがニコっちしやっで　生きがなっ／おてんとさあ　おてんとさあ　これはなあ（ありがとう）

274・言葉が解らないとなりにをる／『作家の自伝　種田山頭火』（日本図書センター）

「分け入っても分け入っても青い山」で有名な山口県出身の俳人・種田山頭火は1930（昭和5）年、鹿児島に来た。引用は「行乞記《ぎょうこつき》」より。「九時の汽車に乗る、途中下車して、岩川で二時間、末吉で一時間行乞、今日はまた食い込みである」と記した後の句。鹿児島弁が分からず、隣にいても距離を感じたのかなあ。不審者扱いされたのか「秋の空高く巡査に叱られた」とも詠む。さすがに警察官の言葉は分かった。がられて（叱《しか》られて）、いかんかったね。

10月11日は山頭火忌。

275・正面には宝山検校の座像が／白く浮き上がっていた／薩摩琵琶は鈍い音を　ビオーン　ビオーン／鉦の音も　ざわつく音色／宮内洋子

毎年10月12日は、日置市吹上の中島常楽院（薩摩琵琶発祥の地）で「妙音十二楽」が演奏される。年に一度の晴れ舞台。読経や鉦《かね》、笛、太鼓、法螺貝《ほらがい》が、琵琶の「ビオーン」という音と共鳴していく。寺院で室内楽じゃ。バッハさんが聞いたらなんて言うかな。引用は詩集『わたくし雨』（土曜美術社）より「中島常楽院」（２０１９年終演。以降、読経法要は継続）。

鎌倉時代、京の宝山検校《けんぎょう》（検校は盲官の最高位）は、島津忠久から薩摩の祈祷《きとう》僧として招かれ常楽院を開いたという。宝山さんの名は、今も焼酎やホールの名として親しまれちょいよ。


276・ぬすとでゝおらぶにはたとたまがりてくわくさつからにせゝくりそする／『物類称呼《ぶつるいしょうこ》』（岩波文庫）

江戸時代に越谷吾山により編さんされた方言辞典の「盗賊」の項に、戦国時代の公家・近衛《このえ》前久《さきひさ》による鹿児島弁の遊び歌が載っている。おらぶ（叫ぶ）、たまがる（驚く）は分かるが「くわくさつ」は何だろう。方言研究家・橋口満さんによると「かさこそ」の意ではと。「泥棒が出た、と誰かが叫んだのを聞いてはっと驚き、それ以来、かさこそと音がすれば、飛びかかりたくなる（せゝくりそする）」って感じかな。

信長の命で九州まで和睦斡旋《あっせん》に来た前久さん、島津義久公と薩摩弁談義でもしやった？

277・「んにゃ、こら　なんのよか、におい　じゃろうか」と鼻をスンコスンコさせっ／『指宿の昔話　其の二　梅酒』（指宿図書館）

指宿市開聞の枚聞《ひらきき》神社にまつわる梅酒の始まり。大宮姫が都から帰って来られた時、酒の甕《かめ》が二つ付いてきた。神社内の倉では、途中で割れた甕を思い、もう一つの甕が泣く。神官は慰めようと倉のそばに梅の木を植えたが泣きやまず、梅の実を全て落とし甕に入れると泣きやんだ。引用は後日ふたを開けた時で、「スンコスンコ」はよい匂いをかぐときの擬音語。思いがけず梅酒になったんじゃね。

10月中旬には枚聞神社のほぜ祭りが行われる。この甕を見に参ろかい。んにゃこら（なんとまあ）本物！

278・酒飲むことを　祭《まつ》るというのは／鹿児島らしい　お国言葉／（中略）ご飯の前の　いただきます／宴のはじめに　祭い申《も》そ／岡田哲也

なるほど、酒を飲むことを「祭る」と言うから、いろんな行事前の宴会を「お天気祭り」って呼ぶのかあ。祈りと飲むが混ざった祭る、よかねえ。飲ん方で神様と同席する感じだ。私は学生時代、元旦の神社で巫女《みこ》の仕事をした。神主さんがお参りのご老人に「もう、聞こし召っしゃっつろ」と言われた。平安時代かと耳を疑った。飲むの尊敬語「聞こし召す」ってこと？鹿児島のお国言葉に乾杯！　引用は詩集『酔えば逢いたい人ばかり』（南日本新聞開発センター）より「お国ぶり」。

279・アムールの風を孕《はら》みて鶴来たる／冨田洵

出水に渡って来る鶴は、ロシアのアムール川周辺で巣を作り卵を産みヒナを育てる。そして秋、家族を連れ、約3千キロを越えてやってくるのだ。まこてえ、遠かとこからなあ。ゆっくい、しやったもんせ。

ナベヅルは、羽を広げた大きさが約180センチ、マナヅルは約210センチというから、ひったまがる（とても驚く）。引用句のように、万羽の鶴がアムールの風を翼の中に含んで来る。句集『海紅豆』第13集所収。

そろそろ、飛来じゃろかいねえ。鶴どーん、待っておんどー。

280・空気ん澄んで、ジガタん山んゆう見えとい申すとなぁ。桜島も紫尾山も見え申すどぉ。／『西海の甑島、里村のことばと暮らし』（「里村のことばと暮らし」刊行会）

「空気も澄んで、ジガタ（九州本土）の山が、よく見えていますねえ。桜島も紫尾山も見えますよ」という引用は、日笠山正治さんの言葉。

なんちな（何だって）？　甑島から桜島が見ゆっち？　慌てて地図を広げ直線をなぞった。確かに桜島の標高1117メートルより高い障害物はない。じゃっどん、本当じゃろかい。「桜島 v・i e w s p o t 77」（観光かごしま大キャンペーン推進協議会）を見ると、甑島岩屋の浜からの写真はまるで鹿児島湾に浮かぶ桜島みたい。東シナ海に見え申さんどぉ。

281・「せとうちだあ！」「さつまだあ！」と二人はこうなってさわぎます／『ふしぎとうれしい』（石風社）

絵本作家・長野ヒデ子さんの随筆より。引用のさわぐ二人は、長野さんと、絵本作家の中川ひろたかさんだ。長野さんには鯛《たい》が主人公の「せとうちたいこさん」シリーズがある。一方、中川さんは絵本「さつまのおいも」で有名。お互いに相手のこと「せとうち」「さつま」と本の名前で呼び合うのだ。

実は長野さん、ご主人の転勤で鹿児島市に住んだこともあって、講演で来やったんび（ご来訪の度に）「鹿児島弁が懐かしい」と言われる。方言って「ふしぎとうれしい」ですよね、たいこさん。

282・薩摩弁話す焼き芋よかおごじょ／「薩摩川内こころの川柳大会」

２０１５年の第30回国民文化祭での入選作品集より、京都府の山田れもんさんの川柳。京都の方には、焼き芋まで薩摩弁を話すように感じられたのかな。しかも、よかおごじょ（美人）だと。よかにせ（美男子）じゃないのも、よかよか。男子は芋焼酎でしょう。なんだか楽しくなる句。そう言えば、京都に行ったら店頭に並ぶ美しい和菓子が「おこしやす」とおじぎしている感じがするなあ。地方の名産は地方の言葉で挨拶《あいさつ》をする。言葉豊かな大和国《やまとのくに》、いつまでもそうありたいか。

283・やせた土地でも育つって　大丈夫　カライモを植えよう／前田利右衛門

茨城県行方市《なめがた》にある「やきいもファクトリーミュージアム」を紹介するテレビ番組を見た。サツマイモの歴史からスイーツまで学び、食べられる。歴史ブースでは前田利右衛門や青木昆陽のリアルな人形がしゃべる。引用は利右衛門さんの言葉。カライモと言うだけでなく、ちゃんと鹿児島アクセントだったので気持ちよかった。その言葉通り、カライモはやせた土地でも育ち、飢饉《ききん》から人々を救った。

琉球から苗を持ち帰り栽培した利右衛門さんを尊敬して、からいもおんじょ（翁）と呼ぶ。

284・めしげ持ち　田んぼの畦で豊作を　見守りつづける　田の神さあ／『つるだの郷土カルタ』

めしげとは、しゃもじのこと。昔は貝殻で作ったそうで、メシガイ（飯貝）が語源とか。種子島では、めしがーって言ってたなあ。ご飯をすくう道具は幸せもすくう。プロ野球・広島カープの応援に使われるのも、しゃもじ。２０１８年優勝をすくった。

めしげを持つ田の神さあは、とっても分かりやすい豊作祈願じゃやね。素朴な石像はユーモラス。じっと見守ってくださり、あいがともさげもした。今年もおかげさあで豊作ごわんど。

旧・鶴田町郷土教材開発委員会製作のカルタより。

285・立つ通《ど》えた安《か》山《か》子しゃ掛《か》け干《ぼ》しなんかかっ／久保山三蔵塚

「私は案山子《かかし》。立ちっぱなしでもうへとへと。おや、もたれかかるのに、ちょうどいい掛け干しがあるじゃない」。スズメよけの案山子も、近頃はコンテストがあったり、本来の仕事以上に忙しそう。精巧な作りに驚く。薩摩郷句集『ゆるいばた』より。引用の「なんかかっ」は「もたれかかる」の意。

もしドレス姿とタキシード姿の案山子がいて、そばに「なんかからんでね」の看板があったら、どげん読む？　場違いな格好の二人から「何か絡んでね」と読む人もおいやっかも。

286・「日の光」「花薩摩」はた「雁の舞」美しき名を持つ鹿児島の米／烏丸ハナミ

美しき名を持つ、ですよねー。他に「太鹿《ふっとか》」「あきほなみ(秋穂波)」「よかど」なども見かける。「とがんまい」もあり、無洗米を「研がない米」なんて、鹿児島弁がキラリン。名前で鹿児島の味がすらいね（しますよね）。引用は歌集『花いちもんめ』（ジャプラン）より。

さて、伊佐市にいる息子から、特Aなる新米を頂いた。そいがもう、なんちゅはならん。うんまかったあ。よかどー、伊佐米！　２０１８年、硫黄山噴火に伴い、一部水稲を中止していた田んぼに、今年は美しい金色の稲穂が再び揺れた。がっつい（ほんとに）、よかった。

287・こいは、どしこな？／西田あいの鹿児島弁講座

姶良市出身の歌手・西田あいさんは2018年、薩摩大使に任命された。鹿児島のPR、よろしゅ頼んみゃげもんど（よろしくお頼み申し上げます）。

西田さんはユニークな試みをしておいやいよ。動画による鹿児島弁講座を投稿サイトにアップしている。引用は、講座の「お買い物編」より、「これはおいくらですか？」の意味。何が面白いかって、鹿児島弁の後に英語でも紹介。語学留学の経験もあり、発音はみごてもん（おみごと）。外国語への感性が方言も輝かせている。

288・あんな遠くの国まで、うちの葉っぱがいっとるなんて（中略）オーストラリアのコアラが、くうてくれるって、夢んごちやい／『コアラが来た日』（けやき書房）

コアラが鹿児島市の平川動物公園に来たのは1984（昭和59）年10月。そげん昔とは夢んごちゃい（夢みたい）。最初の2匹は「はやと」と「ネムネム」だった。2017年に生まれたコアラは、西郷隆盛の妻・糸さんと明治維新にかけ「イト」「イシン」と命名された。

引用は、大隅のユーカリ農家を書いた近藤伯雄さんの児童書より。ユーカリを育てオーストラリアに輸出し、コアラが食べるかを確かめた場面。食べなかったらコアラは来《き》がならんかった。縁の下の力持ちとは、こんことじゃね。

289・チェストはおそらくエイクソの転化であろう。エイヨは薩摩ではチェイヨとなる／『かごしまの民俗探求』（南日本新聞開発センター）

明治期の『薩摩見聞記』に、酒席で「チェストー」と叫んだとある。あれっ、チェストの語源って何？　示現流の掛け声は「エイ」で400年前の記録にも残る。野太刀自顕流も「イエーッ」と『薩摩の秘剣』（新潮社）にある。薩摩古武道の薩摩影之流も「チェイ」。武芸とチェストは無縁のようだ。引用は民謡研究家故・久保けんおさんの「薩摩の方言と民謡」より。エイクソ↓チェックソ↓チェストと推論。語源については諸説あるが、朝鮮由来の言葉「チョッソ」（いいぞ、よっしゃあ）もあるとか。海を渡りチェストーかな。

290・明くれど閉ざす　雲暗く　すすきかるかや　そよがせて／「妙円寺詣りの歌」

妙円寺詣りは、10月第4土・日曜日に日置市で開かれる。池上真澄作詞の引用歌のようにススキ揺れる秋、島津義弘は関ケ原の戦いで敵中を突破した。義弘公は敗者の気持ちを知っていたのだろうか。朝鮮役から帰国後の1599年、紀州高野山に「高麗陣敵味方戦死者供養碑」を建てていた。

私が幼い頃、徳重神社への道に、手足の不自由な白装束の傷兵が寄付を募るため座っていた。今はいない。義弘公も「平和な時代が続いて、よかなあ」と、言やっかもよ。

291・不毛の地開墾仰せ付けられ（中略）朝恩の万分の一に報酬奉りたき赤心より、多罪を顧みず、此段嘆願奉り候也／開墾奉願書

西南戦争に敗れた薩軍兵士約2700人は、全国の監獄署に送られた。宮城に収容されたのは約300人。西郷隆盛の叔父・椎原国幹らは「不毛の地」を赤心《せきしん》（まごころ）で開墾し、朝恩に報いたいと願った。石盤採掘、火事場での救出など、宮城県民との交流があったという。全然知らんかった。

2018年、この国事犯を基にした史劇「石に刻んだ赤心」（作・大日琳太朗）が鹿児島市で上演された。私も薩摩弁訳をお手伝いした。会津弁や薩摩弁で、泣いたい、笑ろたい、じーんとしもしたど。

292・ベストセラことろしゅ読《よ》まじ買《こ》っ飾《かざ》っ／堂脇天進

「ことろしゅ」は「非常に」や「そんなに」の意。ベストセラーの本を買ったけどそんなに読まなかったのかな。「つんどく」（積ん読）の俗語もある。

引用句への唱（片平桜子さん）は「棚ね有《た》い《あ》ぶんで内心《ねしゅ》は満足《まんぞっ》」とあり、「だからよ」（そうそう）の気分。10月27日～11月9日は読書週間。ネット社会になり紙媒体の世界は終わりなのか？んにゃんにゃ、新刊の紙の匂いや装丁の質感は、スマホ画面では伝わらない。棚にも飾れんしね。薩摩狂句誌『にがごい』（2017年11月）所収。

293・長さ一反もある木綿の様な物がヒラヒラとして夜間人を襲うと言う／『大隅肝属郡方言集』（国書刊行会）

肝付町に伝わる妖怪「イッタンモンメン」の説明。帰りが遅いと「イッタンモンメンにさらわるっど」と言われるとか。一反《いったん》木綿と書く。一反は約12メートル。方言集の著者は町出身教育者で夏目漱石門下生だった野村伝四さん、編者は柳田国男さん。

水木しげるさんの漫画『ゲゲゲの鬼太郎』にも登場し、空飛ぶじゅうたんになって鬼太郎を乗せる。10月31日はハロウィーンだ。さあさ、日本のお化けたちも一反木綿に乗いやんせ。西洋のお化けたちと一緒に、ぼっぼっ（そろそろ）始むっど！

294・二十三夜の月さえ待てば思い叶わぬことはない／『かごしま今昔』（南日本放送）

二十三夜待ちは月信仰の行事で旧暦23日に行う。この夜の月を拝むと願い事が叶《かな》うと伝えられ、離れて暮らす子の健康や仕事の繁栄を願ったという。よか話。毎月できないときは、1・5・9月の3回や11月の1回の場合でもよいとか。奄美では「ウジキ待ち」と言うそうだ。民俗研究家の故・北山易美さんの著作より。

今は新暦で暮らすし、街灯で夜も明るく月のありがたみも薄れた。中秋の名月以外あまり月を愛《め》でない。どら、旧暦9月23日を暦で見つけ、そん晩に月を眺めてみろかい。あなたの願い事は？

295・ご先祖さまはな、薩摩の火でしか、焼き物を焼くことができなかったんだ。火には神様がいるんだ／『鹿児島の童話』（リブリオ出版）

薩摩焼400年の1998年、日韓閣僚懇談会が日置市東市来町美山で開かれ、韓国から窯の火が届けられた。今も「日韓友好の炎」記念碑で燃え続けている。引用は、その話をもとにした大山健さんの創作「海をこえてきた火」より。陶工の父親と息子が、神様がいる火を通じ心を通わす。「おまえも、焼き物つくってみらんか」と言う場面は、読者も作りたくなる。11月初めに美山窯元祭りが行われる。ろくろ体験もできる。友好の炎も見つつ、秋の美山をさろこかい（散策しようか）。

296・弥五郎どんが　起きっどう／弥五郎どん祭りの掛け声

11月3日、午前4時頃、曽於市大隅の岩川八幡神社で弥五郎どんが目を覚ます。身の丈約5メートル、竹籠の体に25反の梅染めの衣をまとう。社殿内で組み立て外へ出し、引用の掛け声で立ち上がる。

この弥五郎どんは1992年、スペインのバルセロナ巨人博でも目覚めた。自作『ぐるっと一周！鹿児島すごろく』（燦燦舎）では「5メートルの弥五郎どん、スペイン帰りでグラシアス。かねちゃ倉庫でぐらしごあす」と言葉遊びを作った。グラシアスはスペイン語で「ありがとう」、ぐらしごあすは鹿児島弁で「かわいそう」。

297・ローマ字の藩主の日記文化の日／上坪滿代

第100回南日本俳句大会の南日本新聞社賞。「世界をみすえた斉彬公の日記を見た。ローマ字の手書きって素敵《すてき》」と感じたのだろう。文化の日は11月3日。

斉彬公の日記には「御心得願い上げ候」などローマ字の筆記体で書かれている。中学校では2002年度から、英語の筆記体は必修でなくなった。筆記体に親しんだ世代も、日本語の筆記体ともいえる行書・草書の手紙や日記を読めなくなった。行書・草書は書道に残るのみ。文化の日は、文字を書く文化を考える一日にしもんそや。

298・初めて喜代治《きよじ》を知ったのは、大正末ごろ（中略）一番思い出の深いのは「おはら節」である／『鹿児島つれづれ草』（勝目清遺稿集刊行会）

毎年開催されるおはら祭の余韻で「花は霧島　たばこは国分」が耳に残ってしまう方もおいやっかも。引用は鹿児島市長をされた故・勝目清さんの随筆より。「おはら節」を全国へ広めた中山喜代三《きよぞう》（喜代治の後の名。作曲家の故・中山晋平夫人）さんは、特に唄が得意だったと語る。

鹿児島市の物産宣伝を東京の三越でやる際、鹿児島の芸者さんも連れて行き、喜代治の「おはら節」は絶賛された。その後、レコード化され大流行したという。

中山晋平作曲の東京音頭の前奏は「おはら節」が元じゃよ。

299・描っこつが修行じゃらいよ。（中略）筆で1本1本線を引っとも人間の修行ごあんど！／『谷口午二』（画集編集委員会）

鹿児島市立美術館の初代館長をされた故・谷口午二さんと松下宗柏さん（鹿児島市出身、現・静岡県長興寺住職）のエピソード。寺で修行中の松下さんは、谷口さんから禅宗の僧を例に「おまんさあも、蘭の絵を描っ練習をしやい」と言われた。修行が未熟だと断ると、引用のように一喝された。

テレビの鑑定番組では「線に迷いがない」ことが真贋《しんがん》の見極めになる。迷いなく1本の線を描き、迷いなく生きる。すなわち修行。芸術の秋だ。私も1字1字修行の玉手箱ごあんど。

300・伊佐しょうちゅう　永禄のころより　伝えらる／『ふるさとさんぽ　あいうえお』（伊佐市教育委員会）

1954（昭和29）年、伊佐市大口の郡山八幡神社の本殿修築で、「焼酎」の文字が書かれた木片が見つかった。日付は「永禄《えいろく》二歳《ねん》八月十一」。永禄2年は1559年。宮大工が「雇い主はけちで1度も焼酎を飲ませてくれんかった」と愚痴を記していた。価値の高いタイムカプセルじゃらせんけ。焼酎が450年前からあったと分かる。カライモは当時まだなかったので、米焼酎といわれている。

引用のように、伊佐の小学生が学んでいるなんて。宮大工さんもまさに、んだもしたん。

301・よいのもとになる前に帰って来なさい／『対訳　鹿児島弁とその周辺』（文芸社）

立冬から寒さも本格的になり、12月22日ごろの冬至まで日暮れはどんどん早くなる。「よいのもと」（宵の元）になる前に帰宅を促される季節。「よいのもて」「よいのうっ」とも言う。宵待草、今宵《こよい》はここらで、旨《うま》い物は宵のうち、なども使う。引用は石野宣昭著。

2007年4月から、天気予報では「宵のうち」が「夜のはじめ」に変わった。10年以上たっても慣れない。夕方輝く金星も「夜のはじめの明星」ち言うたろうかい？　星を見つつ、よいのもとまで散歩をしかたですがよ。

302・父は名前を用意し、「テッスルノトオルニセヨ」と、電報で東京の家族に知らせた／『武満徹　ある作曲家の肖像』（音楽の友社）

「世界のタケミツ」として有名な作曲家の故・武満徹さんのお父さまは、薩摩川内市出身である。引用（小野光子著）は、誕生を喜び赴任先の満州から打った電報。その名の通り、武満さんは音楽に徹した。独学で学び、斬新な曲を次々発表した。

小学2年のとき他界したお父さまの言葉に、鹿児島弁は残っていたかな？　鳥が好きで部屋に鳥籠がぶらさがり、逃がしては鳥の鳴きまねをして呼び集めていたと、徹少年は記憶している。「こけ、戻いやんせよ」なんて言って放したかなあ。

303・じぶんのうまれたところのことばは、がっこうでならうことばや、ほんにかいてあることばと、おんなじくらいたいせつだ／『にほんご』（福音館書店）

1979（昭和54）年発行の小学1年生のための国語教科書を想定した本。谷川俊太郎さん、故・大岡信さんや故・安野光雅さん、松居直さんの手による。引用は方言の価値を分かりやすく表していて、私の原点。中には、生まれた場所と、学校や教科書の言葉が同じ人もいるだろう。しかし、この「じぶんのうまれたところ」を日本にしてみると、世界へ広がる。それぞれの国の言語も、そしてそれを話す全世界の人も大切だと。

ちご（違う）言葉を話すと自分よっか下じゃち、勘違いすることは、ございもはんか。

304・方言を使え使うな今昔／永野順子

昭和40年代頃まで、学校で方言を使うと、首から方言札（罰の札）をかけさせられた。教育者がツガランネ（とんでもない）ことをしたもんじゃ。作者は与論町在住。標準語教育はもっと盛んだったと聞く。川柳『雑草』（2017年10月号）所収。

元校長先生によると、就職先から「鹿児島の子は電話にも出ない、接客もできない」と失望され、「どげんかせんないかん」と方言札や標準語クラスをつくったとか。今はみんな標準語で話せる。11月第3週は県方言週間。方言を使えるってよかよねえ！

305・「逃げ水」のようにゆらゆら揺れて見えることから「ニゲミズチンアナゴ」と命名した／南日本新聞（2018年5月10日付）

11月11日はチンアナゴの日。1が4つ並ぶので、チンアナゴが海底の巣穴から体を出す姿に見えるんだって。鹿児島大学国際島嶼《とうしょ》教育研究センター奄美分室の藤井琢磨特任助教らが大島海峡で新種を捕獲した。その日は何と2016年の11月11日だった。

チンアナゴは、顔が日本犬のチンに似てるから命名されたという。チンは小さい犬が縮まった言葉。ああ「ちんけ犬《いん》」ね。ニゲミズチンアナゴは、チンアナゴの2倍もあるそうな。そりゃ、逆げ水（蜃気楼）のようにゆらゆら揺れて、珍事じゃらい。

306・よかにせ　よかみせ　MAP

JR鹿児島中央駅近くの一番街、ベル通り、都通り、本通りのお店を紹介する地図。「イケメン3つ星マップ」って感じかな。「にせ」と「みせ」が韻を踏んで、まこてよか名前。一番街への入り口には「IっDO」の看板もあり、鹿児島弁「行っど」と英語「アイ・ドゥ（私はやる）」のコラボが長年親しまれている。中央駅周辺の祭りの名前も「ずんばいよか祭り」。東口前の複合用途ビル「キャンセ」も「来てくださいませ」の「来やんせ」。駅周辺は、かごっま玉手箱じゃね。

307・「なんでかは、知らん！」と叫ぶまで続く五歳のなんでなんで攻撃／稲盛恭子

「なんでかは、知らん！」と叫んだのは母親。子育て経験者はうなずく内容だ。この「なんで」攻撃の子どもと、同じ事を何度も言う習性の高齢者は相性が合う、と言われたのは、東京おもちゃ美術館の多田千尋館長。確かに「なんで」と聞く孫と接する高齢者は、同じ答えを楽しそうに繰り返す。短歌とエッセー『華』（２０１７年3月発行）所収。

核家族で、遠方にいる祖父母と過ごすのは難しい時代だが、相性のいい関係は気持ちよかね。方言継承も秘めちょっど。

308・七五三ひいばば様と手をつなぎ／坂口弘子

11月15日は七五三。よかべんべん（晴れ着）を着た親子が神社に詣で、「元気に大きくないやんせ」と祈る。引用句は曾祖母《そうそぼ》と手をつなぐ様子だ。こまんかすべすべの手と年輪のように節くれだった手とを重ね、はんとけんごと（ころばないように）、そろいそろい。ひいばば様はひ孫の手から生きるエネルギーをもろっ、ひ孫も人生を歩ん出す。上迫和海著『かごしま俳句紀行』（南日本新聞社）より。

私の娘の娘が、私の母と手をつなぐと考えたぶん（だけ）で、涙が出てきますがよ。

309・ひだるさはそのいろとしもなかりけりさびしきはらは粟の夕飯／『新薩藩叢書四』（歴史図書社）

江戸時代に中神織右衛門が書いた夢物語「唐芋出世来由記《からいもしゅっせらいゆき》」より。ぐうたらな百姓・休作は、寝ている間にお堂の中でたくさんの雑穀野菜が舞い歌う様子を見る。引用は粟《あわ》(粟内侍)の歌。「空腹はどこからくるってわけではないが、寂しい腹は粟の夕飯」の意かな。寂連法師の「寂しさはその色としもなかりけり槙《まき》立つ山の秋の夕暮れ」が本歌だ。芋（山邊赤芋）の「見渡せば花もみぢより唐いもをいづれも同じ秋の夕めし」（本歌は藤原定家の「見渡せば花も紅葉もなかりけり浦のとやまの秋の夕暮」）もある。雑穀野菜の言葉遊びに、ひだるさも消え、腹いっぺ（いっぱい）。

310・はよ起きて、なべにデコンを入れてしかけてから、ベラ（枯れた木のえだ）をくべやんせ／『読みがたり鹿児島のむかし話』（日本標準）

冬の大根は、煮ただけでうまかよねえ。とろりとした舌触りも格別。引用は「あにょどんのデコンじる」より。怠けもんの兄《あにょ》へ「早く起きて、なべに大根を入れていろりにしかけてから、枯れ枝を燃やしなさい」と言い、おいしい大根が煮える間、草刈りすることを促す。最後、兄は働いたあとの大根汁のうまさを知り、村一番の働き者になったとさ。

ガスや電気の普及で、「ベラ」や「くべる」の単語も消えそう。学校の宿泊学習で「ベラをくべなさい」と使ってみる？

311・マタ、モ／『新・さつま語の由来』（南日本新聞開発センター）

牛留致義著より。「まあ、なんということでしょう」の意。事態のなりゆきを嘆く場合に発する。例として、高校野球で九回裏、逆転サヨナラのチャンスに三振で試合終了したとき、応援席で思わず洩《も》らす、とある。「マタモ」ではなく「マタ、モ」。一呼吸入れるのは、その時の状況によるのかもしれない。大久保寛著『薩摩語辞典』では「マタモウ」、橋口滿著『鹿児島方言大辞典』では「マタモー」。

学校からのお便りを何度も出さないわが子へ「マタ、モ。なんで出さんの」と言ったりね。

312・鹿児島県地方語は、ラ行音がにがて（中略）代表的なものに「ダッキュ＝らっきょう」がある／『薩摩語』（岩波ブックサービスセンター）

楠本正憲著より。今はラをダと発音する人は少ない。でも落花生菓子の名前が「だっきしょ饅頭」であるのを見れば、うなずける言葉の法則かな。親類を「シンヂ」と呼んでいたのも、ラ行が苦手だったからなんだ。

明治時代の『尋常小學讀本一』は訛音《かおん》矯正に力を入れる。ランプをダンプと言いがちな九州弁のために、ラで始まるランプ、ダで始まる大根を並べて学んだ。東北弁で同じ発音になるイとエ（椅子と枝）、江戸弁で同じになるシとヒ（鹿と人）なども。正確な発音習得は児童も教師もダッ（楽）じゃなかっつろ。

313・ハラ／ジテンシャガトオル／フトカ　ジテンシャニ／コメヒトガ　ノッテ／ヨンゴ　ヒンゴ／ヨンゴ　ヒンゴ／オシリヲフッテトオル。／有満ミチ子

ヨンゴヒンゴとは「くねくね」や「ちぐはぐ」の意。引用は1982年発行『日本の子どもの詩　鹿児島』(岩崎書店)所収「ジテンシャ」より。フトカ(大きな)自転車にコメヒト(小さい人)。テレビ番組で自転車に乗って全国を巡る火野正平さんがだぶって見えた。ヨンゴヒンゴの道をヨンゴヒンゴにお尻を振って通る。火野さんは昔、女性を泣かすようなヨンゴモン(ひねくれ者)の役もされたような…。

人生とは真っすぐでなくヨンゴヒンゴ。じゃっでおもしとか。

314・陛下美智子さまはよか嫁女でしたか／南史郎

昭和・平成・令和と時代は移りゆく。昭和天皇は戦争の扉を閉め、平成天皇へ平和の扉を開かれた。昭和天皇が戦前、陸軍演習に参加されるとき、鹿児島第一高女(現・鹿児島中央高)に御座所が設けられた。3階教室の「開けがならん扉」がその跡という。

はなさい短歌会を主宰された故・南さんは、1988年11月発行の俳誌『天街』で「陛下へ」と題した10句を発表した。引用はその1句。もう1句引く。「陛下終戦の夜の銀河はきれいでしたね」。南さんの昭和天皇への思いは、平和への扉だと感じる。

315・二人とふ字を重ぬれば夫なり二人と無き人逝きて十年／秋峯いくよ

2016年の歌会始で佳作になった霧島市の秋峯さんの作。題は「人」。「二」と「人」で「夫」になる発見と、二人といない人だったと詠む。「いい夫婦」の11月22日に、深く味わいたい一首である。

漢字を分解する遊びは昔からある。山＋風＝嵐の「吹くからに秋の草木のしをるればむべ山風を嵐といふらむ」や、木＋毎＝梅の「雪降れば木毎《ごと》に花ぞ咲きにけるいづれを梅とわきて折らまし」など。また、人気バンドRADWIMPSの「君と羊と青」は群青だ。日本人の言葉遊び好きは、平成31年の歌会始の題「光」のごとく、未来ずい一直線に輝く。

316・ソンタで茶イッペ／草牟田通り会

ソンタとは、草牟田（鹿児島市）の鹿児島弁読み。通り会では第2日曜日にお茶をふるまっているという。茶イッペ（お茶一杯）飲みながら、ぶらぶら歩き、幸せいっぱいじゃいよね。でも車にはご用心。ドライバーには県警の電光掲示板の言葉を注ぎもんで。「あわてず、急がず『ちゃいっぺ心』速度をおとして安全運転を！」。昔っから「茶いっぺ」には、ゆとりのエッセンスも入っちょっどなあ。

11月23日は「お茶一杯の日」だとか。イベントも多い。そいこそ、ケガをせんごと茶いっぺ！

317・おまえが勝手に死ぬから、こげなことになるんじゃ／映画「かぞくいろ」（松竹）

肥薩おれんじ鉄道を舞台にした吉田康弘監督・脚本の映画より、息子を亡くした國村隼さんのせりふ。血のつながらない家族が本当の家族になっていく物語。主演は有村架純さん。有村さんは親族が鹿児島におられるとか。出水市でのロケで「鹿児島弁は聞き慣れていて、言葉を聞くとうれしい」と語られた（南日本新聞2月11日付）。鹿児島県出身の桜庭ななみさんも出演。２０１８年の年末公開され、多くの人の涙を誘った。

映画には、その土地の言葉がよく似合う。観衆の心をあったかいオレンジ色に輝かすっ。

318・一番大切なのは訛《なま》りがないこと。きみは発音がおかしいと言われ、場内放送から外されました／第36代木村庄之助

元大相撲行司・第36代木村庄之助こと山﨑敏廣さんは、枕崎市出身。行司は「のこった、のこった」の審判ばかりでなく、力士の紹介や決まり手の場内放送もするのに、こんな理由で外されたんだって！　ごぶれさあな。ほかに番付表を書く仕事もあるとか。一番小さな「序の口」の字は太さが１ミリというから驚く。２０１７年、鹿児島市宝山ホールであった講演会で知った。

南の終着駅・ＪＲ枕崎駅舎の文字も山﨑さんの手による。文字に味わいがあるのは、修業を重ねられた賜物《たまもの》だろう。

319・我が町の道の駅にて、がね・おかべ　安心を買う仕事着のまま／松下和子

我《わ》が町で育った作物や製品への愛が伝わる一首。偽装されていない安心安全の、がね（カライモ入りかき揚げ）とおかべ（豆腐）を仕事帰りに買い家路へ急ぐ。そのままおかずにご飯と、ご馳走《ちそう》じゃんさいなあ。

がねとは蟹《かに》の鹿児島弁で、揚げた姿が蟹に見えることから名付けられたという。見えなくても「見えるがね」と食べもんそ。気のせいかもしれないが、丸く切ったカライモの天ぷらより、細長く切ったがねが軟らかく感じるんですがね。皆さまはどげんですかね？　歌集『祥雲』所収。

320・宇宙にも「鹿児島」や「桜島」、「種子島」がある／

『鹿児島県歩いて雑学王』（高城書房）

岩下英司著より。火星と木星の間にはたくさんの小惑星があるそうな。数学ビンタ（数学がとくいな頭）じゃなかで、分からんどんからん（分からないが）、この宇宙に「かごっま言葉」の星があるってことだ。小惑星には引用の他に、錦江湾、トカラ、宝島、悪石島、入来、吉野、加世田、内之浦などもある。最近では2017年1月に「知名町」が命名された。直径6キロで、太陽の周囲を3・76年かけて一周するんだって。

澄み渡る11月の夜空を眺め一声。「おーい、かごっまの星々」。

321・夕映えの中もくもくとオーギ刈り／『みなみたね物語』（南種子町地名研究会）

牟田島孝男作「下中郷《しもなか》土カルタ集」より。オーギとはサトウキビの種子島弁。荻《おぎ》が語源とか。種子島に暮らしていたとき、借家の周りはオーギ畑だった。葉の揺れるざわざわの音は気持ちいい。じゃ、ばっちぇ（だが、しかし）、その刈り入れの難儀さは引用句の「もくもくと」につきる。オーギは背丈以上で、とにかく重いのだ。夕方まで刈っても、しおーせん（終わらない）。たいそーか（きつい）。

でも、さとーすめ（黒砂糖作り）は楽しみ。お茶とできたての黒砂糖をいただきまあす。

322・日本一《にほんいい》ち鹿児島牛《かごっまべぶ》が胸を張っ／津留見一徹

薩摩狂句誌『にがごい』（2017年11月号）より。全国和牛能力共進会は5年に1度行われる。2017年に仙台市であった大会で、鹿児島のべぶ（牛）が日本一に輝いた。そりゃ引用のように、べぶも胸を張ったはず。大重爆笑さんの唱に「飼主《けぬ》しゃ涙《なんだ》で引張《そび》っ鼻環《はなぐい》」とある。仙台まで遠かったのに、べぶも飼い主もよう気張いやった。次の大会は2022年の霧島市。べぶん子（子牛）育ても緊張しそう。

11月29日は「いい肉」の日だとか。べぶん命に手を合わすことも、決して忘れちゃならん。

323・人間　けしんとっぎい／生きっちょたっで／ないごっも　マア／てげぇて げぇ　しやんせ／竹内美智代

いちき串木野市出身で東京在住の詩人の著『聲にのせたことばたち』（響文社）より詩「てげぇてげぇ」。人間死ぬまで生きるから、何事もほどほどになさいの意。「けしん」は「け＋死ぬ」。「け」は下の言葉を強める感じ。あまりにも根を詰めて生きると心が病んでしまう。け死ん前に自分を「け忘るっ」。そげんならんよう、テゲテゲでよかなかけ？でも何もかもテゲテゲだと人生に張りも無く「け枯れて」しまいそう。まずは毎朝「ハーハ、け笑い」、きれいな空気を体内へ取り込んでみろかいね。

324・男は3年に片頬《かたふ》／鹿児島のことわざ

男とは、愛嬌《あいきょう》をふりまかず、3年に1回だけ片方の頬で笑うくらいがちょうどいい、の意。なんとまあ窮屈な。男の美学も、のさん（つらい）ね。

日高旺著『薩摩の笑い』（春苑堂出版）では、薩摩隼人はよく笑っていたと記す。西郷どんも城山での最期が近い頃、「俺《おい》は、腹は切らんど。痛かでやあ」と笑わせたという。伊佐出身の直木賞作家、故・海音寺潮五郎さんも「はやひとの薩摩の国のをの子らは　勇ましきこと好き笑ふこと好き」と詠んだ。ほいなら、男は毎日両頬、に変えんなら。

325・お父ちゃんは、大口で、薩摩弁で育った。日本語は習って覚えた言葉です。貴女《あなた》たちが英語を習うようにね／『海音寺潮五郎物語』（大口市教育委員会）

石神朋子脚本、村木直行絵の紙芝居より。伊佐市大口出身の直木賞作家・海音寺潮五郎さん（1901～77年）は、娘たちから父親の文章が堅苦しいと言われ、「お父ちゃんは小説を日本語で書かなくちゃいかんのだからね」と答えた。引用はその後。それほど正確に書いたのだろう。NHKで放送されたドラマ「天と地と」「風と雲と虹と」の原作者でもある。生前、講演会で「出京しても堂々と鹿児島弁で押し通す方がよほどいい」と話されたとか。郷土や歴史を愛した。12月2日は海潮忌。

326・「ラーフル」の語源としては、オランダ語の〝rafel〟が有力候補と言えよう／『鹿児島方言の今昔』（南日本新聞開発センター）

オランダ語のラーヘルは「こすること」の意。著者の上村忠昌さんは「便宜的な『ぼろ切れ』の呼称として『ラーフル』があったのでは」と推測している。

志學館大学（鹿児島市）の学生にアンケートをした。受講者42人中、県内育ちは39人。「ラーフルを聞いたこともあるが、黒板消しと言う」27人。「ラーフルという言葉を知らず、黒板消しと言う」13人。「ラーフルと言う」2人。私は『鹿児島ことばあそびうたかるた』で「ラーフルって黒板消しの鹿児島弁」も作ったのにな。消ゆっとは悲しか。

327・人は花びら／みんな花びら／温かいハートが／集まれば／笑顔、うまれる／
入佐俊嗣

2016年度鹿児島県人権啓発ポスターより。入佐さんは1960年生まれで2017年他界。脳性まひのため不自由な指や目の動きでキーボードを打ち、詩を書き続けられた。1度お会いしたことがある。音を絞り出すように語る言葉は鹿児島弁の抑揚だった。

詩人・谷川俊太郎さんは『聴くと聞こえる』（創元社）のあとがきで「活字で黙読する詩と、声で音読される詩は、時に全く違う感動を人にもたらします」と記す。方言や障害者の声は、花びらとなり花咲き笑顔が生まれる。12月4日から12月10日まで人権週間。

328・人が一人やっと通れる位の小道を伝って行く。路の両側には熊笹が生い繁っていて、それが風に鳴っている／『井上靖文庫26』（新潮社）

引用は「佐多岬紀行」より。芥川賞作家の故・井上さんが佐多岬（南大隅町）を訪れ、灯台を目にする直前の描写。1954（昭和29）年12月、東京から飛行機で福岡、夜行列車で鹿児島着。タクシーで指宿へ。翌日、汽船で大根占へ渡り、バスで伊座敷へ。役場の出したトラック、徒歩、漁船で佐多岬へ着いた。

井上さんは漁船の船長を「フランスあたりの詩を書く不良少年」と表現。目鼻立ちがくっきりで鹿児島弁が外国語みたいだったのかな。はるばる来たと感じやったたじゃろ。おやっとさあ。

329・鹿児島の二温一寒冬に入る／上迫和海

『句集　四十九』（南方新社）より。二温一寒とは、上迫さんの造語とのこと。周期の短い鹿児島の冬を表現しているそうだ。確かに、二温一寒、二温一寒って感じ。温暖化の昨今は、ますます寒さが続かんごちゃ。

鹿児島県は、北は長島町や伊佐市から南は与論島まで600キロ。みなさんの暮らす地域の寒暖周期は、どげん感じですか。二温五寒ぐらいかな。それとも十温一寒かな。12月の大雪《たいせつ》のころになると、冬将軍の初陣だろうか。クダイカゼ（北風）も吹き、県内全部「寒」となるかも。

330・子どま風ん子／「ひまわりカレンダー」（南九州市）

南九州市が、子育てに役立ててほしいと制作したカレンダーの言葉より。「子どもは風の子」の鹿児島弁。

さあ、風ん中せえ飛び出し、ずんばい（たくさん）遊ぶがね。冬は縄跳びが盛り上がる。前跳び、後ろ跳び、綾《あや》跳び、交差跳び、二重跳び、はやぶさ（綾跳びの二重跳び）、つばめ（交差跳びの二重跳び）。それから、クラス全員で跳ぶ「長縄8の字跳び」もある。これだけやったら、体からホケ（湯気）があがり、ちんたか（冷たい）風が心地よかよね。

331・おマンサーは、オカベをテモトでハスンがナイモスか／『オモシロかごいまべん』（南洲出版）

安田耕作著より。「あなたは豆腐を箸ではさむことができますか」の意。豆腐が女房詞《ことば》の「御壁《おかべ》」（白壁）であることは有名だが、千年以上使っていたのに、もう生活語ではなくなった。テモトは割り箸の袋に「おてもと」の文字として残るのみ。これも女性が使っていた古語。私の祖父母は「テモトを取ってくいやい」と、普通に使っていたなあ。

箸は毎日3回も使う言葉なのに、テモトは消えた。報道が発達したから？ 今度、フランス料理を食べるとき言おうかな。「おてもとをお願いします」。

332・よく「尾崎さんは国際人ですね」といわれるが、「いいえ、薩摩人です」と答えることにしている／『笑うマエストロ』（さくら舎）

鹿児島市出身の世界的指揮者・尾崎晋也さんの随筆より。複数の外国語を話すことに対する会話。故郷を大切に思う気持ちが各国の楽団員の心に届き、よか音へまとめがなるのかもしれない。

南日本新聞の随筆によると、鹿児島中央高校時代、県内初のアンサンブルコンテストがあり、3人で出場。クラシックの響きは最初の1分間で、後は即興のジャズへ。審査員から「君らはろくなやつにならない」と言われたそうな。仲間はサックス奏者の加塩人嗣《かしおひとし》さんと吉俣良さん。3人とも国際的な薩摩人じゃね。

333・南洲神社の清掃に励み、敬天愛人の精神を生涯の支柱とした／
「赤﨑勇工学博士２０１４年ノーベル物理学賞受賞記念碑」

鹿児島市の宝山ホール前に、南九州市知覧出身の故・赤﨑博士の記念碑がある。「本当に／やりたい事を／やりとげる／あきらめない／心を」の碑文にも胸を打たれるが、引用の解説文には薩摩魂を感じる。20世紀中は実現不可能と言われた青色発光ダイオードを開発された。「すごかでしょ。鹿児島の誇り」と、世界に言いたい気分だ。

街はクリスマスイルミネーションに輝いている。ノーベル賞授賞式が行われる12月、県民の心に刻みたい。あの青色ＬＥＤは敬天愛人の光。かごっまの光。

334・奄美ば世界自然遺産登録してもらゆんくぅとぅや　わきゃ島人ぬ夢でもありょん／「電子ミュージアム奄美・島口ハンドブック」（奄美遺産活用実行委員会）

「奄美を世界自然遺産に登録してもらえることは、私たち島人の夢でもあります」の意。

２０１６年度「奄美市まなび・福祉フェスタ」で鶴明咲妃さん（当時、小宿中1年）が発表した「島人の夢を叶《かな》えるために」より引用。

国がこの地を世界遺産候補地に定めた２００３年から、登録延期となった２０１８年。そして２０２１年、「奄美大島・徳之島・沖縄島北部および西表島」が正式に世界自然遺産登録となる。ようやく、鶴さんたち島人の夢が叶ったのである。

奄美の豊かな自然継承は、鹿児島県民ぬ夢でもありょん。

335・ランドセルは「からう」ものじゃっど！／「県民自虐カレンダー鹿児島県　©DLE」（エンスカイ）

自虐カレンダーと言っても、くすっと笑える感じの内容。引用は2018年12月13日の言葉である。確かに、ランドセルやリュックサックは「背負う」ではなく「からう」だ。今の小学生も使う。赤ちゃんをおんぶするのも「からう」。その幼児語は「かっかい」。言葉足らずの幼児が「かっかい」と言えば、からいたくなる。上の子が下の子へ「かっかい」と両手を背中に回し誘うと、下の子が飛びついて、むぜ（かわいい）。

この暦の12月18日は「相槌《あいづち》は『ですです、ですよー』」ですがよ。

336・体重わずか2gのタツノオトシゴから1tを超えるジンベエザメまで、体のつくりもかかる病気もさまざまです／『月刊かがくのとも　すいぞくかんのおいしゃさん』（福音館書店）

鹿児島市にあるかごしま水族館が舞台の科学絵本あとがきより。全国的な絵本に鹿児島が取り上げられるのは誇らしか。作者の大塚美加さんは同水族館獣医師。約500種類の生きものを相手に治療する舞台裏まで描かれている。絵本ではマダラエイの毒針をうまくかわしているが、実は刺されて救急搬送されたとか。獣医師さんとは命がけの仕事じゃね！

一方、南九州市にはタツノオトシゴハウスがある。水族館と同じように手厚く育て、来館者に幸せを届けちょいよ。

337・優シイ方オジャシタド／『西郷さんを語る』

鹿児島県立図書館には県内の方言を音として記録した「方言ライブラリー」がある。引用は1952（昭和27）年、西郷隆盛の義妹・岩山トクさんと、勝目清・鹿児島市長との対談より。活字化した本と合わせ、よりクリアな方言を学べる。

岩山さんは、西郷さんが「優しい方でした」という一例として「オ料理ガ、出来《でき》モセバ、コレハ良ク出来《でけ》モシタチ、美味《おい》シュウゴアンガチ、言ッセエ、一《い》ッデ、一《い》ッデ、ゴ挨拶シテデシタ」と話す。音として聞くかごっま弁は、優しかよね。

338・鹿児島には尊い生き方をした先輩が確かにいたのです。あなた達はその子孫です。胸を張って生きていきましょう!!／榎木孝明

2010年に鹿児島市教育委員会が発行した『新成人の君へ』より。伊佐市出身の俳優・榎木さんは、自ら創られた映画『半次郎』を通じ、20歳の若者へ引用のメッセージを残された。半次郎こと桐野利秋を演じたのも榎木さん。半次郎は映画や舞台、ドラマでは、よかにせで香水もつけ、虚構のように感じてしまう。しかし、実際にこの鹿児島を歩き、悩み、行動していた。

2018年、「西郷どん」に沸いた鹿児島の情熱に終わりはない。私たちは明治維新を成し遂げた人物全員の子孫。尊い生き方を学び、未来にいかしもんそ！

339・ほくほくの赤芽里芋《あかめ》を好む鹿児島は土地も気立てもほこほこならむ／原田和

12月も下旬になると何かと慌ただしい。正月料理に欠かせないのは里芋だ。親芋にくっついて出てくる子芋孫芋に、繁栄の願いがこもる。正月の里芋といえば赤芽が浮かぶが、それが普通ではないと感じたのは結婚してから。夫の実家大阪へ赤芽をお土産にしたところ、とても珍しがられ、喜ばれた。赤芽はぬめりが少ないため、ほくほくでおいしいと。

引用は、ほくほくが生まれる土地も気立ても、ほこほこなんじゃろうっち。年末気分もほこほこ上昇中。歌集『日々を耕す』（ジャプラン）所収。


340・「行ってきモス！」母の低さでハイタッチ／川内高校ＰＴＡ新聞（２０１８年９月）

川内高校（薩摩川内市）のＰＴＡ役員が作った川柳より。ドラマの影響でわざと言った「モス」だろう。試験や試合の朝で、気合入れだったかも。ハイタッチしたのは母で、背が高くなったのは息子さん？　活字の言葉は残せる。将来読み返せば、高校時代へタイムスリップだ。

昨今、ＰＴＡ活動も難しくなった。役員の選出に悩んだり、活動に参加できなかったり。でも、例えば持久走大会の応援など、共に過ごす時間は宝石より輝きもす。鹿児島のＰＴＡ活動も「玉手箱」へ入ったもんせ。

341・私事　一命ニかけ是非〱御頼申候事ニ候／天璋院篤姫

鹿児島市の黎明館の庭に篤姫像がある。中村晋也美術館学芸員によると、中村先生は大奥のイメージで屏風《びょうぶ》と篤姫像を作り、石の屏風に引用の言葉も刻んだ。「徳川家の存続を私の命にかけて、ぜひぜひお頼み申し上げます」という嘆願書の一文。

大学時代、方言の集中講義があり、徳川家ゆかりの故・徳川宗賢先生が鹿児島に来られた。終了後、加治屋町の偉人跡を案内した。今なら篤姫像まで行くのにな。「よか天気じゃ」は今でも使うと言えば「時代劇のようですね」とにっこりされた。

342・グリム童話集の日本語初訳者が鹿児島で後半生を過ごしたことを知る人は少ないであろう／『新薩摩学　もっと知りたい鹿児島』（南方新社）

薩摩川内市で暮らしていた時、光永寺の住職がグリム童話集を訳したと聞き、その寺を訪れた。だが戦争の空爆で全焼し、資料はないとのこと。住職とは菅了法《すがりょうほう》（1857〜1936年）。島根県の寺で生まれ、慶應義塾卒業後、英国留学。新聞記者や衆議院議員を経て1895（明治28）年、鹿児島の僧侶になった。グリム集訳本『西洋古事神仙叢話』を法話にしやったせん（なさったんじゃないかな）。鹿児島弁も覚えやったかも。引用は、仙波玲子さん『川内の僧侶　菅了法とグリム童話』より。

343・さくらじまのへのまじらくさ／『鹿児島ことばあそびうた』（石風社）

上から読んでも下から読んでも「桜島の灰《へ》のまじ楽さ」。楽じゃないけど、他県人より動揺せんし、まじめにお付き合いしていますよね。

12月21日は「1221」から回文の日だとか。まこて、考ゆっこっ。引用は自作。著書より他に「きずいたかちかたいずき（傷痛かち語い好き）」も。名誉？の傷を語りたがる人はおいやらんけ（いませんか）。忘年会でしゃぶしゃぶを鍋ごと食べそうな人には「んもなかかたかかなもん（んもなか＝おいしくない＝固か金物）」で目配せを。

344・ぼくは　そらとぶ　かぼちゃ　はっぱの　つばさで　とんでるよ／『ぼくはかせだのかぼちゃです。』（鹿児島県）

鹿児島県が認める農産物「かごしまブランド」を紹介する絵本。黒豚、キンカン、マンゴー、花に添えるレザーリーフファンなど15品目が紹介されている。絵本発行時の指定は19品目25産地（現在は制度改正により23品目155団体認定）。引用は「加世田のかぼちゃ」。露地栽培と宙づり栽培のカボチャもあるから、「そらとぶ」の言葉に納得する。鹿児島ゆかりの方の応援メッセージもあり、華道家・假屋崎省吾さんも名を連ねる。假屋崎さんのお父さまって薩摩隼人じゃったたっち！

冬至にはカボチャの煮物を花のように盛ってみろかい。

345・てれくそうて言えんがよ。ありがとうひとつがな／映画「ゆずの葉ゆれて」（エレファントハウス）

原作は、椋鳩十児童文学賞の佐々木ひとみ著『ぼくとあいつのラストラン』（ポプラ社）。それを神園浩司監督が鹿児島市喜入を舞台に映画化された。引用は故・津川雅彦さんの台詞《せりふ》。少年との触れ合いを通じ、夫婦の別れと絆を描いた。ユズの木をめぐる贈り物に涙する。この映画は、ソチ国際映画祭で松原智恵子さんが主演女優賞受賞、モスクワ国際映画祭で作品が特別賞受賞。鹿児島の風景や家族愛が、ロシア人にも届いた。「ゆず湯」につかり、こん映画を見て、日露交渉してほしか。

346・ケーキよかそまげが美味《うん》め戦中派／植村聴診器

戦中派にはケーキよりそまげがおいしい、と詠んだ句。そまげとは、ふかしたカライモにそば粉と砂糖少々を混ぜた団子(レシピは複数)。そばがき(かきそば)を指す地方もある。こちらは、そば粉に熱湯を注ぎかき混ぜたもの。しょう油をちっと（少し）たらすとおいしかよ。薩摩郷句集『ひとっば』所収。

第2次世界大戦中に青春を送った世代を戦中派と呼ぶが、戦中派あっての平和な戦後じゃね。「戦後」が地球上に広がるよう12月24日に祈りたい。サンタさん、お願いしもす。メリークリスマス！

347・satsuma（サツマ）と言えば薩摩焼を意味する英語として使われるようになった／『波うちぎわのSatsuma奇譚』（高城書房）

2025年の大阪万博開催が決定した際、あちこちで拍手が起こったが、幕末の1867年の第2回パリ万博を知る人は何人いたどかい。薩摩藩は幕府とは別に「薩摩太守《たいしゅ》政府」として出展し、薩摩焼はsatsumaとして国際デビューした。宮澤眞一著より。

温州ミカンもsatsumaと呼ばれる。サツマの器に盛ったサツマをこたつで食べようかな。2018年に開催された「華麗なる薩摩焼」展では、鶴丸城跡の黎明館に、150年の時を越えパリ万博の出品作が帰ってきた。おかえり、サツマたち。

348・尼君、髪をかき撫《な》でつつ、「梳《けづ》ることをうるさがりたまへど、をかしの御髪《ぐし》や（略）」／『日本古典文学全集　源氏物語一』（小学館）

尼君が少女の髪をかきなでながら「櫛《くし》で梳《す》くことをうるさがりなさるけれど、きれいな髪ですこと」の意。「若紫」の巻より。光源氏が垣間見る場面だ。髪と恋はセットじゃろかいねえ。「けずる」は鹿児島弁にも残るけど、みなさんは「すく」「とかす」？　何と言いますか。

鹿児島県伝統工芸品に「薩摩つげ櫛」がある。近松門左衛門の「薩摩歌」に「櫛になりたや、ヤレサテ薩摩の櫛に」と歌われちょいよ。やんかぶった（乱れた）頭（びんた）は見苦しか。薩摩つげ櫛でけずるのも、いとをかし。

349・松風が吹かんか　松風　松風はまだ吹かんか／『父・椋鳩十物語』（理論社）

12月27日は松風忌。１９８７（昭和62）年12月27日、椋鳩十先生は旅立たれた。引用はご子息・久保田喬彦著より。

椋先生は長野県伊那谷生まれ。家の庭続きは赤松の林だったそうだ。その林が書斎であり遊び場であった。日本人は古来、「松風」や「松籟《しょうらい》」の言葉を用い、松を渡る風の音を愛してきた。先生はそれをBGMにして過ごしていらしたのですね。死を前にし、南アルプスに抱かれたのですね。鹿児島弁にも似た「まだ吹かんか」で、私の耳には、ああ、松風が聞こえてくる。

350・橙《でで》は　真《ま》っ赤《こ》なる／正月《しょくわち》や　近《ちこ》なる／子供《こどん》な　よろこぶ／親どま　心配する／餅を　タンタン／鹿児島のわらべうた

「橙は真っ赤なる」より。末広がりの「八」から、28日は餅をつく家庭が多かかもね。最近は機械でつくので、擬音語「タンタン」も口にしなくなった。さらに言えば、餅は店で買う商品になった。それでも、正月前は子どもには喜びで、親は気ぜわしい。時代は変わろうと気持ちは一緒。新年を迎える形は、橙《だいだい》に込めるように代々受け継ぎもんそ。昔のし（衆）は偉か。時間を行事で区切り、気持ちを入れ替える術を考えたなんて。

今年も餅がつけ、良かこっが、たんと（たくさん）あいもした。

351・とりしきる九十翁やしらす敷く／市原京子

渕脇護著『かごしまの俳句』（春苑堂出版）所収。迎春準備の総仕上げは、庭にシラス（火山の古い堆積物）を敷くこと。白いシラスは雪みたい。雪ぐ《そそ》（浄化する）作用を願ったかな。亡き父もシラスを入れたブイをかかえ、まいていた。引用の九十翁のように、とりしきってね。今はあまり見られない風景だが、門松にはシラスを用いる。

竹林面積が日本一の鹿児島県では、家庭から学校まで門松を飾る。ＰＴＡおやじの会の腕の見せ所。県外はそうでもないとか。「学校に門松」も玉手箱へ。

352・ぼくのこと　何でも知ってる　トシドンは／内ゆうのすけ

薩摩川内市下甑にある標語。現在中学生の内悠之佑君が手打小2年時の作。内君と偶然出会い「2年生までトシドンが来ました。子どもが少なくなり来ない地区もあります」と手紙をもらった。

ユネスコ無形文化遺産のトシドン（年殿）は、大みそかに子どもがいる家を回り諭す。「悪いことをせんかったか」と問答するのが好きだな。妹を泣かせたり、お手伝いをさぼったりと、よく知っている。内君も感じたようにね。その理由は秘密よ。12月31日が本番。「おるかー、おるかー」。ギャッ、来たあ！

353（完）・朝日を拝む人あれど　夕日を拝む人はない　サノサ／民謡「串木野さのさ」

大みそかの夕日は格別である。一年の締めくくりを胸に感謝の思いで拝みもそ。でも夕日って何となく切ない。方言も夕日のように沈んでいきそう…。んにゃ、大丈夫。志學館大（鹿児島市）の学生レポートにこうある。東京で各都道府県の代表者が集まる会に参加した。周囲から「イントネーションがおもしろい」「かわいい」と褒められ、鹿児島弁を誇らしく感じたと。若者が多彩な言葉を認め合う時代だ。

地方の言葉は玉手箱。開けたら美しいメロディーが流れる。方言って、よかよね。

引用一覧

『ぐるっと一周！ 鹿児島すごろく』作・植村紀子　絵・原田美夏（燦燦舎）
『祥雲「山茶花」創立85周年記念』（山茶花社・記念合同歌集「祥雲」刊行委員）
『たっばけ』（渋柿会）
『鹿児島ことばあそびうたかるた』作・植村紀子　絵・原田美夏（南方新社）
『新成人の君へ』２０１０年（鹿児島市教育委員会）
『志布志の民話』（志布志市教育委員会編）
『鹿児島の法則』鹿児島の法則研究委員会編（泰文堂）
『黎明』１９９５年11月号（黎明短歌会）
『かごしまふるさとカルタ』かごしま文芸研編（南方新社）
『薩摩の笑い』日高旺（春苑堂出版）
『かごしまわらべうた』鹿児島県小学校音楽教育研究会編（評価問題研究所）
『すべての時間を花束にして』まど・みちお（佼成出版）
『かごしま今昔』北山易美　片岡八郎（南日本放送）
『日本古典文学大系狂言集　上』（岩波書店）
『新編日本古典文学全集　萬葉集』（小学館）
『マヤの一生』椋鳩十（大日本図書）
『新選・現代詩文庫　川崎洋』川崎洋（思潮社）
『日本子どもの詩　鹿児島』日本作文の会（岩崎書店）
『創作民話　雪ばじょ　おはなしと「音楽づくり」』作・植村紀子　音楽・中村ますみ（南方新社）
『白をつなぐ』まはら三桃（小学館）
『雑草』２０１７年９、10、12月号（雑草社）
『のこのこ！』西炯子（小学館）
『指宿の昔話「鹿児島」』脚本・指宿図書館　絵・海江田宏（指宿図書館）
『現代若者方言詩集』浜本純逸編（大修館書店）
『薩摩川内こころの川柳』（第30回国民文化祭薩摩川内市実行委員会・鹿児島県川柳協会）
『明治維新って何け？』（あしべ書房）
『淵上毛銭詩集』淵上毛銭（石風社）
「ちゃわんむしのうた」石黒ヒデ　ＪＡＳＲＡＣ 出 １９１００３４―２０３
「ＪＩＣＡボランティアＦｒｏｍかごしま」松山遼（南日本新聞２０１４年８月２日付）
『マナヅル坊やの大冒険』文・かわなかわらべ　絵・井亀美咲（かわなか　わらべ発行）

「鹿屋工業高校校歌」作詞・野元遂志雄　作曲・武田恵喜秀
『子どもたちに聞かせたい鹿児島のむかし話』（鹿児島童話会）
『かごしま文化の表情　方言編』（鹿児島県）
『新編日本古典文学全集　今昔物語集②』（小学館）
『続　郷土の先人　不屈の心～小学校上学年用～』（鹿児島県教育委員会）
『日本の唱歌上中下』金田一春彦・安西愛子編（講談社文庫）
『んだもしたん　鹿児島弁講座』橋口満監修（高城書房）
『藤後左右全句集』藤後左右（ジャプラン）
『鹿児島ことばあそびうた1・2』植村紀子（石風社）
『さつま狂句一〇〇年』（渋柿会）
『母の恋文―谷川徹三・多喜子の手紙』谷川俊太郎編（新潮社）
「桜華に舞え」（宝塚歌劇）
『てげてげ。「良い加減」なガンとの付き合い方』愛華みれ（武田ランダムハウスジャパン）
『西天流離』森山良太（ぶどうの木出版）
『徳之島の民俗文化』松山光秀（南方新社）
『さつまのふれあいあそび　ベビーマッサージ　ら・ら・ら』作・吉松美津子　挿絵・玉利潤子（あさんてさーな）
「鹿児島レブナイズ」（ウィキペディア）
『月刊かがくのとも　かつおぶしのまち』坪井郁美ぶん　二俣英五郎え（福音館書店）
『さんぎし』２０１７年5、9月号（さんぎし社）
『新編日本古典文学全集　古今和歌集』（小学館）
「かごしま国体愛称」（鹿児島県）
「バーキット賞を受けて」村岡崇光（南日本新聞２０１７年11月3日付）
「おとなの基礎英語」２０１７年4月～２０１８年3月（ＮＨＫ　Ｅテレ）
『南日本風土記』川越政則（鹿児島民芸館）
『開聞町郷土誌』（開聞町）
『奈緒子』坂田信弘・原作　中原裕・作画（小学館）
『明日やろうはバカヤロー』遠藤保仁（日本スポーツ企画出版社）
『鹿児島の童話』日本児童文学社協会編（リブリオ出版）
『やまない雨はない』倉嶋厚（文藝春秋）
『全国方言辞典』佐藤亮一編（三省堂）
『39席の映画館』ガーデンズシネマ部編（燦燦舎）

『かごしま文化の表情　わらべ歌・民謡編』(鹿児島県)
『種子島の昔話1』下野敏見(三弥井書店)
『日本古典文学全集　方丈記』(小学館)
『西海の甑島、里村のことばと暮らし』日笠山正治(「里村のことばと暮らし」刊行会)
『宇検の民話』宇検村教材開発委員会(宇検村教育委員会)
『にがごい』２０１７年5、8、11月号(にがごい会)
『花つれづれ』上野詠未(あさんてさーな)
映画「舞妓はレディ」
『鮫島民子遺句集タアちゃん』石神紅雀編(入来きんかん文庫)
「井上雄彦作親鸞の巨大屛風を展示」(南日本新聞２０１３年10月5日付)
『からすたろう』八島太郎作・画(偕成社)
「第52回南日本作文コンクール」(２０１６年3月2日付)
『かごしま食暦』所崎平(南日本新聞社)
『パリの画廊で』奈良迫ミチ(現代随筆選書95)
『岩元一郎詩集　余韻』岩元一郎(南島往来社)
『風よ！カナの島へ』森夏月(国土社)
『日本古典文学全集　平家物語　一』(小学館)
「俊寛の碑」(鹿児島市)
「ライオンキング」(劇団四季)
『あすっがー』福宿玲子(南日本新聞開発センター)
『かごしまの俳句』淵脇護(春苑堂出版)
『形象合同句集　強靱Ⅲ』形象編集部(ジャプラン)
『老いて歌おう２００９』宮崎県社会福祉協議会(鉱脈社)
「鹿児島市立図書館の栞」２００3年配付
「鹿児島フィッシュガール」垂水高校(ユーチューブ)
『薩摩　意外史・おもしろ史』阿久根星斗(南日本出版)
『これが九州方言の底力！』九州方言研究会編(大修館書店)
『月ば撃つぞ！落語家歌之介がゆく』三遊亭歌之介(うなぎ書房)
『現代短歌・かごしま』南史郎(春苑堂出版)
『英作基本文例６００』(啓隆社)
『ながしまのまんげつ』林家彦いち原作　文・絵加藤休ミ(小学館)

『ともだちいっぱい』田代しゅうじ（四季の森社）
『薩摩見聞記』本富安四郎（東陽堂支店）
『山茶花』2007年2月号（山茶花社）
『流れてやまず』小久保均（渓水社）
『かるかん』板坂良子（私家版）
『母が語るドラメルタン号物語』（花峰小学校家庭教育学級刊）
『通じない日本語』窪薗晴夫（平凡社新書）
『水の記憶』梅下芙美恵（ジャプラン）
『鉄幹晶子全集23』与謝野鉄幹・与謝野晶子（勉誠出版）
「かごしま春祭大ハンヤ」2018年テーマ
『「かごしま語」の世界』牛留致義（春苑堂出版）
『残しておきたい鹿児島弁1・4』橋口滿（高城書房）
『椋鳩十の本　第十八巻』椋鳩十（理論社）
『五感で学ぶ地域の魅力』志學館大学生涯学習センター霧島市教育委員会鹿児島工業高等専門学校編（南方新社）
『日本国憲法前文お国ことば訳わいわいニャンニャン版』勝手に憲法前文をうたう会（小学館）
『ゆるいばた』（渋柿会）
『笑ったもんせ　第二集』鮫島信一（高城書房）
『かごしま弁　南九州の言葉と風土』南日本新聞社編（筑摩書房）
『ホンダマガジン2018Winter号』
※ホンダマガジンとは、本田技研工業（株）が、主に車をご購入いただいたお客様に年3回、約365万部ずつ発行している情報誌。毎号、新車にとどまらずホンダの幅広い取り組みを紹介。
『屋久島・種子島　島・ひと・昔語り』古居智子（かごしま地域文化創造事業）
『まど・みちお全詩集』まど・みちお（理論社）
『鹿児島に伝わるくらしの知恵』（鹿児島県老人クラブ連合会）
『ラストダンス』須佐美新（文化印刷出版）
『名瀬だより』島尾敏雄（農山漁村文化協会）
『魚をよぶ森』斉藤きみ子・作　津田櫓冬・絵（佼成出版社）
『郡山の民話と伝説』（郡山町ふるさとを学ぶ会民話部会）
「ここはふるさと旅するラジオ」2012年（NHKラジオ第一）
「ンダモシタン」武岡のくるみちゃん（南日本新聞2018年4月1日付）
『第一阿房列車』内田百閒（福武書店）

映画「釣りバカ日誌9」(松竹) 脚本：山田洋次・朝間義隆
「川内北中学校校歌」作詞・野添卓郎　作曲・下総皖一
「川内高校校歌」作詞・寺田四郎　作曲・下總皖一
『黒潮からの伝承』北山易美(南日本新聞開発センター)
『荒武タミ女　ゴッタン一代記』南日本新聞社編(南日本新聞開発センター)
『NHK大河ドラマ・ガイド西郷どん　前編』(NHK出版)
『鹿児島あるある』清水照美(TOブックス)
「航路開設記念碑」(十島村の中之島)
『日本古典文学全集　源氏物語　一』(小学館)
『歌之介のさつまのボッケもん』鹿児島テレビ編(高城書房)
『歯の神んさぁ』市来英雄作　松元祐子絵(口腔保健協会)
『かごしま言葉の泉』橋口滿(高城書房)
『薩摩・大隅の民話』村田熙編(未来社)
「花田小学校校歌」作詞・新屋敷幸繁　作曲・田中義人
「姶良市文化会館小ホールの緞帳」
『倉元天鶴　薩摩狂句集(1)』倉元天鶴
『ふるさと星事典―星とあそぼう―』北尾浩一・福澄孝博(南日本新聞開発センター)
『続　郷土の先人　不屈の心～中学生用～』(鹿児島県教育委員会)
『島津重豪』芳即正(吉川弘文館)
「鹿児島城西高校の色紙」
『藤後左右全句集』藤後左右(ジャプラン)
『こころの言の葉　第14集』(鹿児島市教育委員会)
『時の響きて』福安かずこ(鳥取市用瀬町人権文化事務所)
『庄屋どんと御池の龍』鳥集忠男(鉱脈社)
『めざせ!!鹿児島知っちょいどんPart2』西正智(高城書房)
『惜春』安田閑々思(若葉叢書第九十八集)
『井上岩夫著作集1』井上岩夫(石風社)
「薩摩剣士隼人」ヒイラギ迅作・絵　外山雄大監修(南日本新聞2015年2月17日付)
『林芙美子　放浪記』林芙美子(みすず書房)
映画「奇跡」(ギャガ)
『方言萌え!?』田中ゆかり(岩波ジュニア新書)

『チェスト！とことん薩摩の歴史館』竹下健一（創年のパレット社）
『鹿児島県の民話』日本児童文学者協会編（偕成社）
『黒田清輝著述集』東京文化財研究所企画情報部編（中央公論美術出版）
『篠原鳳作全句文集』篠原鳳作（沖積舎）
『田原坂』町田良夫（みぞべ文化叢書第10巻　霧島市文化協会溝辺支部）
「永遠の一瞬」白鳥見なみ（南日本新聞２０１８年5月27日付）
『東郷久義全歌集』東郷久義（短歌新聞社）
『南船創刊70周年記念号』２０１７年9月号（南船社）
『大久保利通関係文書三』立教大学日本史研究会編（吉川弘文館）
『一外交官の見た明治維新』アーネスト・サトウ（岩波文庫）
『邊阪』高木秀吉（牧神詩社）
映画「六月燈の三姉妹」（©パディハウス）
『チェスト！　がんばれ、薩摩隼人』登坂恵里香原作　横山充男著（ポプラ社）
「南点」堤正治（南日本新聞２０１５年5月1日付）
「ミスター・シンデレラ」高木達・台本　伊藤康英・作曲（オペラ）
「おぎおんさあの掛け声」
『オモシロかごいまべん』安田耕作（南洲出版）
『ふねにのっていきたいね』長崎夏海（ポプラ社）
「大石兵六夢物語」のすべて』伊牟田經久（南方新社）
『新編日本古典文学全集　井原西鶴集①』（小学館）
『にしき江』２０１７年11月号（錦江社）
『大切にしたいサツマの魅力』日高旺（トライ社）
『春月』永田春峰（俳句雑誌湾発行所）
『鹿児島の文化遺産』榮喜久元（丸山学芸図書）
『月の噴煙』宮田蕪春（東京美術）
『桜島・錦江湾ジオパーク副読本』（桜島・錦江湾ジオパーク推進協議会）
『〝野球〟の名付け親・中馬庚伝』城井睦夫（ベースボール・マガジン社）
『たけのはし　甲突川五石橋』文・こばやしたかこ　絵・ふじひろし（南方新社）
『天にかかる石橋』文・まつだゆきひさ　絵・くろだやすこ（石風社）
「みくに幼稚園・みくにキッズ保育園園歌」作詞・与謝野晶子　作曲・中山晋平
『かごしま児童文学あしべ』7号（あしべ）

「殉難学徒の碑」（加治木高校）
『お静さん　方言で詠う魂の旅』藏薗治己（南日本新聞開発センター）
『吉村昭　昭和の戦争Ⅲ』吉村昭（新潮社）
『大地からの祈り　知覧特攻基地』植村紀子（高城書房）
『火のしま』２０１７年４、６月号（鹿児島川柳同好会）
『随筆かごしま』２００３年６月号（随筆かごしま社）
『松元の昔話』（松元町教育委員会）
『森有礼』犬塚孝明（吉川弘文館）
『父の詫び状』向田邦子（文藝春秋）
映画「洋菓子店コアンドル」（アスミック・エース）脚本：前田浩子・深川栄洋・いながききよたか
『わらべうたを子育てに』嘉原カヲリ（あさんてさーな）
『小天狗句集』小天狗（松下洋発行）
『松原塩田』（うんべの会）
『鹿児島県詩集第五集』（鹿児島県詩人協会）
『吉井淳二　画帖の栞』（南日本新聞社）
『海紅豆』第13集（鹿児島県俳人協会）
『鹿児島の暮らし方』青屋昌興（南方新社）
『井上ひさし全芝居その四』井上ひさし（新潮社）
『海辺の熔岩』曾宮一念（創文社）
『鹿児島共和国のオキテ１００カ条』野口たくお監修（メイツ出版）
『まるぶんだちゃあ』文・中田榮　絵・中田誠一（武蔵野文学舎）
『華』２０１８年２、３月号（華短歌会）
「２０１５年かごしま弁健康づくり標語」（ＪＡ鹿児島県厚生連）
『きみまろ流』綾小路きみまろ（ＰＨＰ研究所）
『むかし歌ったわらべ歌』（志布志淑女会）
『吉田のかるた』（鹿児島市立吉田小学校制作）
「交通安全反射材キーホルダー」２０１７年（さつま警察署）
「川内大綱・綱練りの掛け声」
『鶴田正義全歌集』鶴田正義（ジャプラン）
『西郷どん！まるごと絵本』東川隆太郎・さめしまことえ（燦燦舎）
『薩摩琵琶』越山正三（ぺりかん社）

『鹿児島県詩集　第二十一集』（鹿児島県詩人協会）
『窓いっぱいの空』久保妙子（ジャプラン）
「井上章一のニッポン七変化」井上章一（南日本新聞２０１７年５月５日付）
「ヒリーのからいも英会話」２００７年４月～２００８年９月（ＭＢＣラジオ）
『作人五郎日記』重永紫雲山人（吉田書房）
『かごしま弁入門講座』坂田勝（南方新社）
『ぢしばい』（渋柿会）
『「いろは歌」で巡る　なかたね歴史散歩』國上明
『鹿児島昔話集』有馬英子（岩崎美術社）
『作家の自伝　種田山頭火』種田山頭火（日本図書センター）
『わたくし雨』宮内洋子（土曜美術社）
『物類称呼』東條操校訂（岩波文庫）
『指宿の昔話　其の二　梅酒』脚本・指宿図書館　絵・立石沙希（指宿図書館）
『酔えば逢いたい人ばかり』岡田哲也（南日本新聞開発センター）
『桜島ｖｉｅｗｓｐｏｔ77』（観光かごしま大キャンペーン推進協議会）
『ふしぎとうれしい』長野ヒデ子（石風社）
『薩摩川内こころの川柳大会』（第30回国民文化祭薩摩川内市実行委員会事務局）
『やきいもファクトリーミュージアム』（茨城県行方市）
『つるだの郷土カルタ』（鶴田町郷土教材開発委員会）
『花いちもんめ』烏丸ハナミ（ジャプラン）
『西田あいの鹿児島弁講座』西田あい（ユーチューブ）
『コアラが来た日』近藤伯雄（けやき書房）
『かごしまの民俗探求』鹿児島民俗学会（南日本新聞開発センター）
『示現流聞書喫緊録（上・中・下・系図）』村山輝志編著（鹿屋体育大学）
『薩摩の秘剣　野太刀自現流』島津義秀（新潮新書）
『薩摩影之流』薩摩影之流研修会編集発行
『妙円寺詣りの歌』作詞・池上真澄　作曲・佐藤茂助
『開墾奉願書』（史劇・『石に刻んだ赤心』パンフレット）
『大隅肝属郡方言集』柳田国男編　野村伝四著（国書刊行会）
『弥五郎どん祭りの掛け声』
『鹿児島つれづれ草』勝目清（勝目清遺稿集刊行会）

『谷口午二』（画集編集委員会）
『ふるさとさんぽ　あいうえお』（伊佐市教育委員会）
『対訳　鹿児島弁とその周辺』石野宣昭（文芸社）
『武満徹　ある作曲家の肖像』小野光子（音楽の友社）
『にほんご』安野光雅・大岡信・谷川俊太郎・松居直（福音館書店）
「奄美にチンアナゴ新種」（南日本新聞2018年5月10日付）
「よかにせ　よかみせ　MAP」（鹿児島中央駅横一番街・ベル通り・都通り・本通り）
『かごしま俳句紀行』上迫和海（南日本新聞社）
『新薩藩叢書四』薩藩叢書刊行会（歴史図書社）
『読みがたり鹿児島のむかし話』鹿児島のむかし話研究会鹿児島県小学校教育研究会国語部会編（日本標準）
『新・さつま語の由来』牛留致義（南日本新聞開発センター）
『薩摩語』楠本正憲（岩波ブックサービスセンター）
『小學讀本便覧　第六巻』古田東朔編（武蔵野書院）
『天街』1988年11月（天街俳句会）
「「人」題材に歌会始の義」（南日本新聞2016年1月15日付）
「ソンタで茶イッペ」（草牟田通り会）
映画「かぞくいろ―RAILWAYSわたしたちの出発―」（松竹）監督・脚本：吉田康弘
「行司さんのよもやま話」（鹿児島ヤクルト健康フォーラム2017年11月11日宝山ホール）
『鹿児島県歩いて雑学王』岩下英司（高城書房）
『みなみたね物語』（南種子町地名研究会）
『聲にのせたことばたち』竹内美智代（響文社）
『海音寺潮五郎物語』石神朋子・脚本　村木直行・絵（大口市教育委員会）
『鹿児島方言の今昔』上村忠昌（南日本新聞開発センター）
「2016年度鹿児島県人権啓発ポスター」（鹿児島県）
『聴くと聞こえる』谷川俊太郎（創元社）
『井上靖文庫26』井上靖（新潮社）
『句集　四十九』上迫和海（南方新社）
「ひまわりカレンダー」（南九州市）
『笑うマエストロ』尾崎晋也（さくら舎）
「赤﨑勇工学博士2014年ノーベル物理学賞受賞記念碑」（鹿児島中央ロータリークラブ）
「電子ミュージアム奄美・島口ハンドブック」（奄美遺産活用実行委員会）

「県民自虐カレンダー鹿児島県©ＤＬＥ」(エンスカイ)
『月刊かがくのとも　すいぞくかんのおいしゃさん』大塚美加ぶん　齋藤槙え(福音館書店)
『西郷さんを語る』岩山トク・勝目清対談
『日々を耕す』原田和(ジャプラン)
「川内高校ＰＴＡ新聞」２０１８年9月
「天璋院篤姫像」(鹿児島県歴史資料センター黎明館)
『新薩摩学　もっと知りたい鹿児島』古閑章・仙波玲子編(南方新社)
『ぼくはかせだのかぼちゃです。』(鹿児島県)
映画「ゆずのはゆれて」(エレファントハウス)
『波うちぎわのSatsuma奇譚』宮澤眞一(高城書房)
『新編日本古典文学全集　近松門左衛門①』(小学館)
『父・椋鳩十物語』久保田喬彦(理論社)
「薩摩川内市下甑にある標語」
＊わらべうた、民謡、ことわざ等は、参考文献参照。

参考文献

『方言地理学図集』徳川宗賢・W・A・グロータース編（秋山書店）
『日本方言大辞典』（小学館）
『岩波古語辞典』（岩波書店）
『鹿児島県のことば』木部暢子（明治書院）
『じゃっで方言なおもしとか』木部暢子（岩波書店）
『研究成果報告集みなみのことば２００８～２０１１』木部暢子
『鹿児島方言大辞典（上）（下）』橋口満（高城書房）
『鹿児島弁おもしてか語源辞典』橋口満（高城書房）
『残しておきたいかごしま弁１～７』橋口満（高城書房）
『かごっま弁』高城書房編（高城書房）
『さつま語辞典』大久保寛（高城書房）
『鹿児島弁辞典』石野宣昭（南方新社）
『かごいまべん　鹿児島方言と薩摩人』安田耕作（南洲出版）
『鹿児島方言のルーツ』西山茂裕（文芸社）
『遠々しゅうござり申す』（西之表市教育委員会）
『ラーフル取ってえ！』斯文堂編（斯文堂）
『漂流青年ゴンザの著作と言語に関する総合的研究』上村忠昌（南日本新聞開発センター）
『小学生の新レインボー方言辞典』（学研）
『方言をしらべよう⑧九州地方』（福武書店）
『「方言コスプレ」の時代』田中ゆかり（岩波書店）
『犬は「びよ」と鳴いていた』山口仲美（光文社新書）
『古今東西ニッポン見聞録』林和利（風媒社）
『野の唄島謡わらべ唄』久保けんお（九州教科研究協議会）
『日本わらべ歌全集26 鹿児島沖縄のわらべ歌』（柳原書店）
『南日本民謡曲集』久保けんお（音楽之友社）
『日本民謡大観九州篇（南部）・北海道篇』（日本放送協会）
『おっかんよ』コダーイ芸術教育研究所編（全音楽譜出版社）
『愛唱歌集ともしび』鹿児島県中学校教育研究会音楽部会編（鹿児島書籍）
『日本唱歌集』堀内敬三・井上武士編（岩波文庫）
『日本童謡集』与田準一編（岩波文庫）

『さつまのことわざ』北山易美（いさな書房）
『かごしまことわざ辞典』原口泉監修（高城書房）
『ことわざが語る薩摩』かごしま文庫編集部編（春苑堂出版）
『まんが・薩摩のことわざ』大吉千明（南方新社）
『語り継ぐかごしまの教え集』（鹿児島県）
『鹿児島ものしりブックＪＡＤ！』（鹿児島県）
『鹿児島の算数ものがたり』鹿児島県数学教育会小学校部会編（日本標準）
『かごしま検定』鹿児島商工会議所編（南方新社）
『鹿児島県謎解き散歩』今吉弘　徳永和喜編（新人物文庫）
『鹿児島学』岩中祥史（草思社）
『鹿児島「地理・地名・地図」の謎』原口泉（実業之日本社）
『かごしま暮らしの玉手箱』所崎平（南日本新聞開発センター）
『描かれた西郷どん展』かごしま近代文学館（ＮＫＫサービスセンター）
『かごしま文学案内』鹿児島女子大学国語国文学会編（春苑堂書店）
『かごしま風土と文学』鹿児島県高等学校教育研究会国語部会編（九州教科研究協議会）
『かごしま民話の世界』有馬英子（春苑堂出版）
『かごしま文化の表情第１～９集』（鹿児島県）
『かごしま四季を歩く春夏編』『かごしま四季を歩く秋冬編』星原昌一（南日本新聞社）
『折々のうた１～10』『新折々のうた１～９』大岡信（岩波新書）
『詩季まんだら上』『詩季まんだら下』岡田哲也（七月堂）
『夢のつづき』『続夢のつづき』岡田哲也（南日本新聞社）
『南日本歌ごよみ』鶴田正義　吉海江遙（ジャプラン）
『おんなの言葉３６５日』相星雅子（高城書房）
『ことばの旅』高岡修（ジャプラン）
「ちからある言葉」森山良太（南日本新聞２００８年１月１日～２０１０年12月31日）
「かごしまタラソニュース」吉嶺明人（タラソネットかごしま）

あとがき

玉手箱とは、玉のように美しい手箱（身の回りの小道具入れ）です。この『かごっま言葉玉手箱』には、鹿児島弁や鹿児島に関する宝石のような言葉を詰めてみました。メード・インかごっま（鹿児島）の宝石箱です。宝石は地球と共に生まれたそうですが、地球上の生き物の鳴き声や言葉も同じだと思います。例えると、人工ダイヤでなく本物のダイヤモンド。みんな長い年月を通しキラキラ光っています。そして、宝石も言葉も輝いたまま、親から子へお守りのように受け継いでいけるはずです。

また、この『かごっま言葉玉手箱』はオルゴールでもあります。開けたら、鹿児島弁のメロディーが聞こえてくるかもしれません。鹿児島弁のアクセントは音楽みたいですものね。オルゴールの音色が優しさを届けるように、鹿児島弁も、その音色になじんだ人の心を優しくしてくれることでしょう。褒められた言葉も怒られた言葉も、そのメロディーと共に耳の奥に仕舞い込まれているのですから。

本書でも触れましたが、東京生まれの故・曾宮一念さんは、「物柔かといえば鹿児島の言葉は実に柔い」と書いておられます。また、私の受講生である志學館大学（鹿児島市）の学生は、東京で「イントネーションがかわいい」と言われたそうです。全国的に方言を話す若者は少なくなってきていますが、方言で一番難しいのは音の高低ではないでしょうか。つまり方言という音楽です。その音楽を歌えなくなったり、聞けなくなったりするのは、とても寂しいものです。いろんなジャンルの音楽があるから豊かな世界になるのでは？　日本中のいろんな方言を、ずっと語り（歌い）継いでほしいな。

今年は令和元年。「うるわしい和」。海外向けには「ビューティフル・ハーモニー」と訳すそうです。世界中の言語も、それを話す人も国も、ビューティフル！　だから、すべての言語（方言）をお互いに美しいと感じられたら、地球規模のハーモニーが生まれるのかもしれません。この『かごっま言葉玉手箱』が、皆さま方にとっての「宝石箱」や「オルゴール」や「令和の小箱」になれたら、幸いでございます。

最後になりましたが、コラム連載の機会を下さった南日本新聞社営業局事業本部長・原田茂樹さんには、353回の原稿やり取りでも大変お世話になりました。心より感謝申し上げます。また、出版に際し、作品を引用させて頂いた作者の方々と、南日本新聞開発センターの野村健太郎さん・デザイナーの内田茂樹さん・組版の杉安博幸さんに深く感謝し、末筆ながら御礼申し上げます。

それでは、ここらで、玉手箱を静かに閉じもそや。

令和元年神無月　吉日　植村紀子

植村　紀子（うえむら・のりこ）

1963年鹿児島県生まれ。鹿児島女子大学（現・志學館大学）卒業。

高校教員として５年間在職後、創作活動や講演会活動に携わる。

第12回かぎん文化財団賞受賞。

2014年、「ＴＥＤｘKagoshima」に出演。「方言という音楽から世界言語のハーモニーへ」と題しプレゼンした（https://youtu.be/eJILroIsg2w）。

現在、志學館大学非常勤講師、日本児童文学者協会会員、かごしま児童文学「あしべ」同人。

著書
『鹿児島ことばあそびうた』『鹿児島ことばあそびうた２』（石風社）
『鹿児島ことばあそびうたかるた』（南方新社）
『親と子のことば紡ぎ』（南日本新聞社）
『大地からの祈り　知覧特攻基地』（高城書房）
『ぐるっと一周！鹿児島すごろく』（燦燦舎）

共著
『明治維新って何け？』（あしべ書房）
『創作民話雪ばじょ　おはなしと「音楽つくり」』音楽・中村ますみ（南方新社）
『隼人学ブックレット２ 五感で学ぶ地域の魅力』（南方新社）
『かごしま文学案内』（春苑堂書店）
『鹿児島県謎解き散歩』（新人物文庫）
『なぞなぞおばけ』（童心社）
『鹿児島の童話』（リブリオ出版）
『２年３組にんじゃクラス』（ポプラ社）
など。

かごっま言葉 玉手箱

2019年10月30日　初版発行
2021年６月16日　第２刷発行
2022年６月５日　第３刷発行

著　　者　植村　紀子
発 行 所　南日本新聞社
制作・発売　南日本新聞開発センター
〒892-0816　鹿児島市山下町9-23
TEL 099（225）6854　FAX 099（227）2410
URL http://www.373kc.jp/
